••• Títulos relacionados

HOTG0208
VENTA DE PRODUCTOS Y SERVICIOS TURÍSTICOS

[DISPONIBLE CERTIFICADO COMPLETO]

Solicítalos en:
- Librería
- www.paraninfo.es
- Solicitudes nacionales +34 914 463 350
- Solicitudes fuera de España +34 913 308 907, +34 913 308 919

Gestión de sistemas de distribución global (GDS) UF0079

Laura Cristina Álvarez Gómez

Edición y maquetación: Ediciones Nobel, S. A.

Impresión: Liberdigital (Casarrubuelos, Madrid)

ISBN: 978-84-283-6522-2
Depósito legal: M-3668-2024

Impreso en España

Para Jorge,
por ayudarme a arreglar el jardín.

Laura Cristina Álvarez Gómez es funcionaria de carrera y licenciada en Ciencias de la Información, rama Publicidad y Relaciones Públicas, por la Universidad San Pablo CEU de Madrid. Además, posee el MBA en Dirección Estratégica de Recursos Humanos y el Máster en Profesorado de Secundaria, Bachillerato y FP. Su experiencia laboral abarca varios campos: consultora de marketing y comunicación, formadora en diversas empresas e instituciones y profesora de Formación Profesional en ciclos de grado medio y superior. Actualmente compagina la labor docente en un centro público con el trabajo en su empresa 13cielos Comunicación.

Índice

Introducción normativa

La Ley Orgánica 3/2022, de 31 de marzo, de ordenación e integración de la Formación Profesional, contiene una disposición derogatoria única que afecta a la regulación de los certificados de profesionalidad, ahora denominados **Certificados Profesionales**. La referida normativa deroga la Ley Orgánica 5/2002, de 19 de junio, de las Cualificaciones y de la Formación Profesional, y abre un escenario de cambios que se irán implementando progresivamente.

La Ley Orgánica 3/2022, de 31 de marzo, de ordenación e integración de la Formación Profesional implica que toda la formación es acumulable. La oferta formativa se estructura de forma escalonada, siendo los Certificados Profesionales un nivel intermedio (Grado C) de una escala que va desde el Grado A hasta el E.

En los artículos 35 a 38 de la Ley 3/2022 se describe en qué consisten estos Certificados Profesionales: su oferta, formación asociada, estructura, duración, acceso, titulación y validez. Posteriormente, esta normativa se completa con lo dispuesto en el Real Decreto 659/2023, de 18 de julio, que desarrolla la ordenación del sistema de Formación Profesional. Concretamente en los artículos 67 a 81 es donde se hace referencia a la oferta formativa de Grado C, correspondiente a los Certificados Profesionales.

Están agrupados en 26 familias profesionales con características comunes del sector. En la actualidad hay más de medio millar de Certificados Profesionales incluidos en el Repertorio Nacional. Esta cifra no deja de crecer. Además, cada certificado está específicamente regulado por un real decreto.

Un Certificado Profesional corresponde al Grado C de la oferta del Sistema de Formación Profesional. Es un documento oficial, con validez en todo el territorio nacional y debe constar en el Catálogo Nacional de Ofertas de Formación Profesional, que certifica la capacitación para el desarrollo de una actividad profesional.

Debe detallar los módulos profesionales superados y los estándares de competencia profesional asociados a él e incluidos en el **Catálogo Nacional de Estándares de Competencias Profesionales**, así como su correspondencia con el Marco Español de Cualificaciones.

Despliegan su validez en un doble ámbito, laboral y académico:

- En el contexto laboral tienen validez profesional, porque acreditan las competencias en una determinada profesión. Para poder trabajar en algunas profesiones, se exigen determinadas cualificaciones, y los certificados sirven para acreditarlas.

- Asimismo, tienen validez académica, puesto que permiten continuar un itinerario formativo siempre que se cumplan los requisitos de acceso para cursar la titulación deseada. De tal modo que, los Certificados Profesionales que sean parte de un Grado D permitirán la matrícula modular para completar los módulos establecidos en el currículo y obtener el correspondiente título de técnico básico, técnico o técnico superior con validez en todo el territorio nacional.

Para obtener un Certificado Profesional (Grado C) es preciso cumplir con los requisitos de acceso para realizar la formación.

Estructura de los Certificados Profesionales

I. Identificación: denominación, familia y área profesional a la que pertenecen; nivel de cualificación profesional (1, 2 o 3); cualificación profesional de referencia; entorno profesional y módulos formativos que esté previsto cursar junto con la duración de cada uno de ellos.

II. Perfil profesional: incluye las competencias profesionales requeridas en el mercado laboral. En todas ellas se concretan las realizaciones profesionales y los criterios de realización.

III. Formación: describe los módulos formativos que esté previsto cursar para adquirir las competencias requeridas. En cada uno de ellos se indican las capacidades que se pretende alcanzar y la duración del módulo de prácticas no laborales —PNL—, para el que cabe solicitar exención si se cumplen determinados requisitos.

IV. Prescripciones de las personas formadoras.

V. Requisitos mínimos de espacios, instalaciones y equipamiento.

Los Certificados Profesionales se identifican con una denominación concreta y un código alfanumérico propio, y sirven para acreditar una determinada cualificación profesional. Cada certificado está asociado a una relación de unidades de competencia que, a su vez, se vinculan con una serie de módulos formativos específicos. Algunos módulos están integrados por unidades formativas y tanto unos como otras son, en ocasiones, transversales, lo que significa que se trata de contenidos incluidos en más de un Certificado Profesional.

Los Certificados Profesionales se articulan en tres niveles de competencia profesional (1, 2 y 3) conforme a lo dispuesto en el que será el Catálogo Nacional de Estándares de Competencias Profesionales, anteriormente Catálogo Nacional de Cualificaciones Profesionales (CNCP), según los criterios establecidos de conocimientos, iniciativa, autonomía y complejidad de las tareas, en cada una de las ofertas de Formación Profesional.

La oferta formativa dirigida a la obtención de los Certificados Profesionales tiene carácter modular para favorecer la acreditación parcial acumulable de la formación recibida y posibilitar así el avance en el itinerario de Formación Profesional para cualquiera que sea la situación laboral de cada persona en cada momento.

En definitiva, el Grado C constituye la oferta, parcial y acumulable, del sistema de Formación Profesional, de varios módulos profesionales del catálogo modular de Formación Profesional por razón de su significado en el mercado laboral y conducente a la obtención de un Certificado Profesional.

Las ofertas de Grado C de Formación Profesional tendrán por objeto módulos profesionales incluidos previamente en el catálogo modular de formación profesional y asociados al Catálogo Nacional de Estándares de Competencias Profesionales.

Finalidad de los Certificados Profesionales

- Contribuir a la ordenación de un Sistema de Formación Profesional al servicio de un régimen de formación y acompañamiento profesionales que sea capaz de responder con flexibilidad a los intereses, expectativas y aspiraciones de cualificación profesional de las personas a lo largo de su vida.

- Combinar escuela y empresa situando a la persona en el centro del sistema.

- Facilitar el aprendizaje permanente de toda la ciudadanía mediante una formación abierta, flexible y accesible, estructurada de forma modular, a través de la oferta formativa asociada al certificado.

- Acreditar las cualificaciones profesionales o las unidades de competencia recogidas en estas, independientemente de su vía de adquisición, bien sea través de la vía formativa, o mediante la experiencia laboral o vías no formales de formación.

- Favorecer, tanto a nivel nacional como europeo, la transparencia del mercado de trabajo.

- Contribuir a la calidad de la oferta de Formación Profesional.

Este libro

El presente libro desarrolla la Unidad Formativa denominada *Gestión de sistemas de distribución global (GDS)*, UF0079.

Dicha unidad formativa está asociada a la Unidad de Competencia UC0266_3, forma parte del Módulo Formativo MF0266_3 *Promoción y venta de servicios turísticos* perteneciente a la Cualificación Profesional de referencia HOT095_3, de nivel 3, incluida en el Certificado Profesional denominado *Venta de productos y servicios turísticos,* dentro de la familia profesional Hostelería y turismo.

Según el Real Decreto 1376/2008, de 1 de agosto modificado por el RD 619/2013, de 2 de agosto, los contenidos que en esta obra se recogen se corresponden con una duración de 40 horas.

Tanto la estructura como el desarrollo del libro se ajustan al citado real decreto y más concretamente a los contenidos de la Unidad Formativa que le da título *Gestión de sistemas de distribución global (GDS)*, UF0079.

Contenido

■ Nota del Editor

En Ediciones Paraninfo estamos comprometidos con la calidad de la formación e intentamos que nuestros materiales respondan fielmente y con rigor a las necesidades de todos cuantos confían en nuestro sello editorial.

Tratamos de dar respuesta a los currículos de las unidades formativas y de los módulos que integran los distintos Certificados Profesionales, equilibrando la parte teórica con la práctica para que los procesos de aprendizaje se conviertan en experiencias gratificantes, tanto para docentes como para las personas inmersas en los procesos formativos.

Nuestros objetivos son contribuir de forma decisiva a afianzar aprendizajes, ayudar a adquirir destrezas que tengan significado para el empleo y conseguir potenciar el desarrollo personal.

Para lograrlo contamos con excelentes autores, expertos en las materias que abordan, en la mayoría de los casos docentes de dichas especialidades con dilatada experiencia tanto profesional como académica, porque buscamos perfiles familiarizados con los contextos laborales concretos a los que se refieren nuestros manuales.

Confiamos en poder serte de ayuda y esperamos tus impresiones acerca de nuestro trabajo. Sean positivas o negativas, serán muy bien recibidas y, sin duda, nos ayudarán a seguir mejorando y trabajando con ilusión para continuar siendo un referente en formación para el empleo.

Agradecemos tu confianza en nuestros manuales. Todo nuestro equipo queda a tu total disposición. Puedes contactar con nosotros en esta dirección de correo electrónico:

info@paraninfo.es

1. Introducción: el contexto de los GDS

Contenido

1.1. El turismo y las agencias de viajes

Antes de comenzar el estudio de los sistemas globales de distribución se hace necesario conocer las dimensiones del mundo del turismo y los conceptos característicos del sector, siempre teniendo en cuenta la información propuesta por la OMT (Organización Mundial de Turismo).

Entendemos *turismo* como el conjunto de actividades que realizan las personas en entornos diferentes al suyo habitual, por menos de un año y sin fines lucrativos. Dentro de estas actividades nos encontramos un panorama cada vez más segmentado y variado: salud, aventura, descanso, sol, naturaleza, cultural, etc.

Hoy en día, es una actividad que provoca el movimiento de millones de personas por año y contribuye a multitud de cambios en los sistemas económicos de los países, ya sean emisores o receptores. De ahí, la importancia de generar sistemas de organización, gestión y distribución que mejoren sustancialmente la actividad.

Analizado ya el concepto de turismo, debemos mencionar al consumidor de este producto. Aunque genéricamente nos refiramos a todos como turista, existen cuatro variables:

— Viajero: persona que se desplaza entre dos o más países diferentes o dentro de su lugar habitual.

— Visitante: persona que se desplaza a un país distinto por menos de un año sin fines lucrativos.

— Excursionista: persona que no pernocta, por tanto, está menos de 24 horas en destino.

— Turista: persona que pernocta en el destino, por tanto, está más de 24 horas.

Por otro lado, nos encontramos con las empresas de intermediación turística, encargadas de facilitar los contratos de servicios turísticos con los demandantes de dichas actividades. Nos encontramos con dos figuras que resulta indispensable diferenciar:

a) Agencia de viajes

Quizás la figura más tradicional de las dos en la intermediación de los servicios de turismo. Son empresas titulares para la organización y gestión de viajes combinados, atendidas por profesionales en la materia y previamente autorizada. Se constituyen en régimen de sociedad mercantil, el permiso o licencia es otorgado por la comunidad autónoma, un código de identificación alfanumérico compuesto por las iniciales de la comunidad autónoma más el número del libro de registro, por ejemplo, Asturias sería AS y Valencia CV.

Los viajes combinados son un conjunto de servicios turísticos, deben incluir como mínimo alojamiento o transporte, más un servicio no accesorio a los anteriores, por tanto, debe ser superior a 24 horas.

Las tipologías de agencias que nos podemos encontrar, las clasificamos según la normativa en:

— Mayoristas: son aquellas que organizan servicios turísticos de forma global sin petición previa para la venta a otras agencias de tipo minorista, es decir, no venden al consumidor final.

— Minoristas: asesoran y venden al consumidor final. Por tanto, tienen una función mediadora, a diferencia de las anteriores. También realizan viajes combinados pero a la oferta.

Es cierto que nos podemos encontrar agencias de viajes que simultanean ambas categorías. Es importante señalar que las agencias pueden tener una función emisora, cuando envían viajeros a una zona determinada, o bien receptora, cuando son los encargados de suministrar apoyo a los viajeros que llegan a la zona.

Como se ha mencionado anteriormente, el turismo es una disciplina que ha ido evolucionando hasta convertirse en un agente económico importante, por tanto, es bastante común que hoy en día nos encontremos agencias que estén especializadas en un producto turístico o cliente concreto, por ejemplo, en turismo de negocios o de aventura.

Entre las actividades que pueden realizar las agencias nos encontramos con:

— Venta y reserva de billetes en medios de transporte.

— Venta y reserva de plazas de alojamientos.

— Venta y reserva de actividades turísticas que complementen servicios anteriores.

— Formalización de seguros derivados de los puntos anteriores.

Por tanto, y en resumen, las agencias de viajes se encargan de:

— Mediar entre oferta y demanda, es decir, empresas turísticas como pueden ser hoteles y los demandantes, es decir, los viajeros.

– Asesorar, crear y organizar combinaciones de servicios turísticos para ofertarlos a un precio global y a medida de las necesidades y características de los viajeros.

Para los proveedores, como pueden ser los hoteles o transportes, supone un punto de venta más sin costes fijos, ya que estas suelen ser comisionistas. El mercado actual, cada vez más global y amplio genera la necesidad de crear una figura de prescriptor en el consumidor final; papel que cumplen las agencias.

b) Centrales de reserva

Son empresas facilitadoras de la comercialización turística. Están especializadas en hacer las reservas de todos los asociados a cada central; para ello, cuentan con una base de datos central que contiene la situación de plazas en tiempo real de todos los asociados. Por tanto, se diferencian fundamentalmente de las primeras en que estas no pueden organizar viajes combinados ni pueden recibir compensaciones económicas por parte de los clientes finales.

1.2. Los servicios turísticos

Entendemos por servicios turísticos todas las acciones que llevan a cabo las empresas para cubrir las necesidades y deseos de los clientes. Se trata de actividades diferentes que funcionan de forma conjunta.

Podemos encontrar:

a) Reservas de alojamiento

La gestión de reservas de alojamiento comprende el servicio de pernocta mediante precio. Dependiendo del tipo de cliente y del tipo de viaje que desee hacer existen numerosas posibilidades hoy en día. Cabe destacar la aparición en el mercado de talonarios y bonos con multitud de ofertas, que han ayudado a potenciar este producto turístico para un consumidor, que ha dejado de lado las estancias largas concentradas en una temporada para dar paso a estancias cortas o *short breaks* repartidas a lo largo del año.

La tipología de alojamientos depende de la comunidad autónoma. Como ejemplo generalizado, la Ley de Turismo de Andalucía (Ley 13/2011) distingue las siguientes modalidades de alojamiento:

HOTELES

Son establecimientos que ocupan la totalidad de un edificio o gran parte de forma independiente.

Los hoteles se clasifican en las categorías de cinco, cuatro, tres, dos y una estrella. El calificativo «Gran Lujo» solo podrá ser usado por los hoteles clasificados en la categoría de cinco estrellas y declarados con tal carácter por la Consejería de Turismo y Deporte cuando reúnan condiciones excepcionales en sus instalaciones, equipamientos y servicios.

HOTELES-APARTAMENTOS

Son establecimientos que cumplen con los requisitos del hotel y que, además, disponen por su estructura de infraestructura para conservación, elaboración y consumo de alimentos. Se clasifican en categorías de cinco, cuatro, tres, dos y una estrellas. La categoría será fijada teniendo en cuenta la calidad de las instalaciones y servicios, con arreglo a lo dispuesto en el Decreto 47/2004 de establecimientos hoteleros.

HOSTALES

Al igual que los anteriores, ofrecen alojamiento; la denominación viene determinada porque las dimensiones y características que ofrecen les excluyen como hoteles. Los hostales se clasifican en las categorías de dos y una estrella.

PENSIONES

Las pensiones se clasifican en categoría única. Por características y dimensiones son aquellos excluidos como hostales. La diferencia entre ambas normalmente tiene que ver con la menor exigencia en servicios o requerimientos.

Por supuesto, aparte de estos cuatro bloques generales existen otras denominaciones en ámbito rural como pueden ser: albergues turísticos, alojamientos rurales, campings o ciudades de vacaciones.

Dentro de las modalidades de contratación nos podemos encontrar los diferentes tipos de regímenes. En la página web de viajes de Logitravel nos encontramos estas siglas que indican el régimen alimenticio contratado:

- SA: solo alojamiento.
- AD o HD: alojamiento y desayuno.
- MP: media pensión, es decir, desayuno y generalmente la cena.

- PC: pensión completa, es decir, desayuno, almuerzo y cena.

- TI: todo incluido, es decir, los servicios de PC más los especificados en cada caso.

- SP: según programa (a consultar con el propio hotel).

- HM: primer día solo alojamiento, segundo día media pensión y el tercero desayuno (Esta combinación suele darse en paquetes de nieve o escapadas de fin de semana: viernes a domingo).

b) Billetes de transporte

La gestión, emisión y reserva de transporte suele formar una parte esencial de los contratos con las agencias de viajes debido a que resulta imprescindible el desplazamiento geográfico de turistas.

AVIÓN

Quizás el principal medio de transporte opera a través de las compañías aéreas transportando viajeros desde un punto de origen a uno de recepción. Cada una recibe un código IATA (*International Air Transport Association*) compuesto por dos letras y un código de tres cifras, que las identifica en todas las operaciones que se realizan, entre ellas, el GDS. Por ejemplo, Iberia está identificada por el código IB 075. Se pueden consultar en la página web de aeropuertos.com.

Existen diferentes tipos de empresas de transporte aéreo:

Líneas regulares: operan de acuerdo a un calendario y recorrido fijado.

- Líneas chárter: son vuelos fletados para momentos especiales en los que se supone que habrá una demanda elevada.

- Servicios especiales: todos los servicios aéreos de corta distancia, en líneas generales, como por ejemplo, helicópteros, avionetas, globos, etc.

A la hora de gestionar los billetes de avión, se da una serie de particularidades por el auge de las nuevas tecnologías, y es que se muestra una rápida eliminación de las comisiones de agencia por venta, a cambio se ha implantado un *service fee* para compensar esta pérdida y que las agencias puedan incrementar sus ingresos. El importe es relativo dependiendo del destino (si es nacional o internacional) y de la emisión del billete (papel o electrónico), puede oscilar entre 15 y 80 euros de media. La página web de Amadeus realizó un estudio comparativo entre comisiones y los *service fee* entre diferentes países y de cómo su uso puede mejorar el negocio del turismo.

El transporte ferroviario presenta grandes ventajas frente a los otros dos grupos, como pueden ser: comodidad durante el viaje, ubicación céntrica de las estaciones en las ciudades, no requiere de mucha antelación antes de salir y los pasajeros se pueden pasear libremente por los vagones, incluyendo algunos servicio de restaurante o cafetería. Aun así, es el medio menos utilizado por los turistas. En España este servicio es prestado por dos empresas: por un lado, FEVE (Ferrocarriles Españoles de Vía Estrecha) y por otro, RENFE (Red Nacional de Ferrocarriles Españoles).

Respecto a los autobuses, en España destaca principalmente la línea ALSA que opera a nivel provincial, nacional e internacional.

Al igual que ocurre con los billetes de autobús, el precio de sus tarifas es muy reducido, por tanto, representa una ganancia insignificante para la agencia, por eso es bastante normal que los mayoristas los incluyan dentro de otros productos turísticos o que, por otro lado, se incluyan gastos de gestión.

c) Paquetes turísticos

El turismo a lo largo del tiempo ha sufrido diversos cambios respecto a la demanda y presenta tendencias nuevas frente a su consumo. En primer lugar nos encontramos con que los clientes potenciales realizan más desplazamientos al año durante estancias más cortas. En segundo lugar, la ampliación de la gama de servicios turísticos y sus productos, la fuerte competencia y la diversificación han dado lugar a cubrir todos los gustos, desde el turismo de sol y playa tradicional, pasando por el agroturismo, el de montaña, salud o incluso el necroturismo.

Los paquetes combinados permiten la adquisición de destinos potenciales y flexibles, esto quiere decir que la mayor parte de las agencias suelen ofertar complementariedad, por ejemplo: añadir o quitar días de estancia, cambios de fechas de salida o llegada, los establecimientos seleccionados, etc.

d) Servicios de viaje vinculados

No se debe confundir con el anterior. Se adquieren a través de distintos prestadores de servicios y de distintos contratos, pero están vinculados. Una empresa facilita la reserva de los servicios posteriores y estos servicios se contratan para el mismo viaje. La combinación de un servicio de viaje, como el alojamiento, y otro servicio turístico (como una visita guiada o la entrada a un concierto) solo puede considerarse servicios de viaje vinculados si el servicio adicional representa un 25 % o más del valor total del viaje o es una característica esencial del viaje.

e) Seguros de viaje

Es un producto turístico que permite realizar el viaje protegido y de forma despreocupada ante las posibles circunstancias que puedan surgir (gastos médicos por enfermedad, accidentes, cancelaciones, pérdida de vuelos o equipaje, e incluso asistencia telefónica y legal en algunos casos, etc.). Ofrecen coberturas y asistencias en todo el mundo y sus precios variarán dependiendo del grado de protección que escoja el viajero y/o el destino elegido.

f) Alquiler de vehículos

Es un tipo de servicio ajeno a los trámites del cliente en primera instancia. Esto quiere decir que normalmente no vienen incluidos en las demandas o en los paquetes turísticos, sino que una vez en el destino, es cuando los turistas ven la necesidad de contratar un alquiler de vehículos, y por consiguiente, la agencia pierde esa comisión de la gestión y venta.

A la hora de su contratación, se debe informar cuidadosamente al cliente de las características de este servicio, y más aún si es la primera vez que lo contrata.

Por ejemplo:

- Necesidad de tener una tarjeta de crédito en vigor que la empresa suele quedarse como aval de la operación.
- Con la entrega del vehículo, deben firmar una auditoría de las condiciones en las que este se entrege. Una vez devuelto, la empresa vuelve a escanear el coche para asegurarse de que todo está correcto.
- Carnet de conducir en vigor. Ser consciente de los destinos en los que se puede necesitar un carnet internacional.
- Devolución puntual en el lugar pactado. En ocasiones, puede ser diferente al de recogida.
- Devolución con del depósito de combustible lleno.

- Comunicación a la empresa por incidencias durante su uso, como por ejemplo, multas de tráfico. La no comunicación puede acarrear costosas consecuencias.

g) Servicios complementarios

Comprende todos los servicios extra que pueden contratar los clientes:

- Las entradas para conciertos, exposiciones, espectáculos, etc. Son de precio reducido y el margen para la agencia suele ser escaso. Suelen aparecer incluidos dentro de los paquetes, de no ser así, la agencia suele incluir gastos de gestión.

- Días de estancia adicionales.

- Actividades: rutas, paseo guiados, etc.

1.3. La información turística

La RAE define *información,* en una de sus acepciones como: «Comunicación o adquisición de conocimientos que permiten ampliar o precisar los que se poseen sobre una materia determinada». El objetivo, pues, de la información es hacer llegar a su receptor una idea que comprenda. En el turismo la búsqueda de información se desarrolló en todos los sentidos, fluye constantemente. Un ejemplo de ellos son las agencias, ellas transmiten información al consumidor potencial pero, a su vez, necesitan datos de terceros para poder elaborar una oferta eficaz y adecuada. Estamos hablando de las fuentes del sector turístico, que pueden ser: mecánicas o manuales y, por otro lado, internas o externas. A continuación se explican las dimensiones de cada una de ellas:

a) Las fuentes manuales

Las fuentes manuales o fuentes convencionales son aquellas con las que los agentes turísticos trabajaron desde siempre, antes de que internet y los sistemas de gestión automatizaran el mercado. Todos los documentos necesarios para los procedimientos estándar de una agencia eran actualizados, editados e impresos de forma periódica para su uso. Como podemos imaginar, el gran inconveniente, no solo es el coste sino la imposibilidad de rectificar o actualizar datos en el momento; esto ralentiza la actividad.

Actualmente se sigue utilizando este tipo de procedimientos manuales ante fallos del sistema central de la agencia o cualquier error informático. El uso de documentos en papel permite continuar con la actividad sin problemas.

Ejemplo de las fuentes convencionales que la agencia puede utilizar son:

- Las guías anuales: son amplios documentos que contienen información relativa a hoteles, campings, cadenas, transportes, etc., de las diferentes comunidades autónomas. La *Guía oficial de hoteles de España* se edita a nivel nacional por organismos oficiales de turismo y es enviada de forma gratuita a las agencias, en ella aparecen tarifas orientativas (tenemos que pensar que cada agencia negocia precio con su proveedor).

- Los folletos o catálogos de las empresas turísticas son documentos promocionales que se elaboran de cara al consumidor final, pero pueden ser utilizados por las agencias como herramienta de trabajo, pues estas suelen indicar precios, descripciones y fotografías.

- Manuales operativos de transporte: aunque su uso es más reducido debido a la multitud de servicios que ofertan son un buen reclamo. Los elabora la propia compañía de transportes y en ellos se recogen las normativas de emisión y venta de cada medio.

- Guías de horarios en medios de transporte: los horarios de transporte aéreo, marítimo o autobús son muy dispersos y múltiples, lo que hace muy complicado disponer de material que esté siempre actualizado. Por otro lado, en ocasiones resulta complejo para el consumidor consultarlos directamente si no está familiarizado con siglas o abreviaturas de los mismos, por ejemplo, +1 significa que llega al día siguiente.

- Los prontuarios: son unos documentos en los que se resumen los pasos y códigos para realizar transacciones. Funcionan como un manual de usuario.

- Revistas especializadas: son aquellas publicaciones que están destinadas al público en general o a empresas turísticas. Se reciben por suscripción. Aportan información y noticias sobre productos y servicios de hostelería y turismo. Pueden estar segmentadas por temas concretos, por ejemplos, lunas de miel o el viajero.

- Guías de viaje: destinadas al consumidor final, suelen ser una forma de promocionar ciertos lugares como hoteles o restaurantes que han pagado por pertenecer a la publicación. Aportan una visión más personal sobre el destino y suelen incluir imágenes y selecciones de rutas recomendadas.

- Mapas: la cartografía es un elemento básico en cualquier empresa turística. Existen de diversos tipos que pueden ayudar: mapas de carreteras, de ciudades, de rutas de montaña, etc.

b) Las fuentes mecánicas

La evolución de la tecnología y la aparición de internet como red global en los últimos tiempos han supuesto un avance para las empresas de turismo y el sector en general. El uso de equipos informáticos en las empresas ha cambiado el panorama de gestión y tratamiento de datos, volviendo el sistema mucho más rápido y eficaz. Nos encontramos tres tipos de fuentes no convencionales o TIC:

INTERNET

Sin duda alguna la aparición de internet en el panorama empresarial y social supuso una gran evolución respecto a la forma que tiene el ser humano de comunicarse y buscar información. El consumidor ha pasado de ser un agente pasivo a volverse *prosumer* a la hora de valorar que producto adquiere respecto a sus necesidades.

Las agencias, por otro lado, han encontrado la forma de organizar, tratar y acceder a toda la información necesaria para el desarrollo de su actividad. Actualmente existen muchas páginas web o portales dedicados al sector turístico que aportan información global a agencias y consumidores. Por ejemplo:

- Estadísticas sobre comportamientos turísticos como en la del Instituto de Estudios Turísticos.
- Legislación general como por ejemplo la página de la Organización Mundial de Turismo.
- Webs corporativas de servicios. Es muy extraño que actualmente alguna agencia o empresa turística esté operando sin portal web.

SISTEMAS GLOBALES DE GESTIÓN

De la fusión del avance entre internet y el uso de los equipos informáticos, nacen los sistemas de gestión en red. Son programas de información, reserva y emisión de servicios turísticos, en los cuales, las oficinas están inscritas a un sistema central compuesto, no solo por agencias, sino por hoteles, transportes, etc., en el que poder consultar datos en tiempo real.

Sistemas como CRS (sistemas computarizados de reservas) o GDS (*Global Distribution System*) permiten la reserva y emisión de productos turísticos, así como, la disponibilidad de información sobre tarifas, horarios, características, etc.

MEDIOS AUDIOVISUALES

Aparte de los soportes físicos de promoción que comentamos en el punto anterior, el uso de medios audiovisuales cada vez es más común. Hablamos de vídeos corporativos, DVD de destinos y productos, etc. Estos, unidos al uso de un portal web, consiguen suscitar más interés en el consumidor, que no se lo tiene que imaginar para decidirse a comprar, y a la agencia como elemento de venta y soporte a sus argumentos.

c) Las fuentes internas

Una de las conclusiones a las que llegamos tras la lectura de estos puntos sobre nuevas tecnologías es que, existen multitud de tareas dentro de una agencia de viajes que las TIC se encargan de planificar. No solo de cara a la búsqueda de información sino a la hora de generar documentos con los que trabajar. Los programas permiten simplificar trámites, almacenar bases de datos, gestionar presupuesto, etc. Un ejemplo de estos programas utilizados en las agencias son Orbis o Beroni.

d) Las fuentes externas

La globalización y el uso de las nuevas tecnologías definen esta época como la era de la comunicación. Actualmente las posibilidades de acceso a información que existen para empresas y usuarios son infinitas. El turismo, por las características propias de su denominación es fuente de muchos datos, además, los agentes que participan en la propia actividad deben gestionar ese volumen de información de cara a diseñar sus planes, lo cual, en ocasiones, puede ser complicado. Si a esto le sumamos los diferentes orígenes de empresas, consumidores e intermediarios del sector nos encontramos ante una vasta información en bruto que hay que pulir, ordenar y mantener al día.

En este contexto, las nuevas tecnologías tienen impacto en el sector turístico, claro ejemplo de ello es que el cliente ya no es pasivo frente a la búsqueda de información para sus viajes y las empresas no solo cuentan con canales de marketing tradicionales para la promoción de sus servicios.

La Administración Turística Nacional, siendo consciente de esta realidad, ha creado SEGITUR (Sociedad Estatal para la Gestión de la Innovación y las Tecnologías Turísticas), su objetivo principal es apoyar toda la promoción turística a través de las TIC, en especial, a través de internet.

Las fuentes externas son por tanto todas aquellas fuera del entorno directo de la empresa pero que infieren en su actividad. Las más comunes son aquellas que llegan directamente de los proveedores turísticos, pero como hemos comentado anteriormente, en internet existen numerosas gratuitas o de pago, como por ejemplo, la página web de AENA, los portales de turismo de los destinos, etc.

2. Los sistemas globales de distribución (GDS)

Contenido

2.1. Canales de distribución en turismo

Actualmente casi todas las empresas de turismo de ámbito internacional, nacional, regional o local disponen de sistemas web o portales con información corporativa, de productos, fotografías y recursos para que los clientes dispongan de toda la información adecuada a sus búsquedas. Por otro lado, para el tema de la gestión disponen de importantes bases de datos que permiten la realización de reservas y compra de billetes.

Con la entrada en vigor de la Ley 34/2002 de 11 de julio de Servicios de la Sociedad de la Información y de Comercio Electrónico, se intenta limitar la acción de las agencias de viajes que operan en internet, esto se debe a que obviamente no poseen las mismas características que las físicas ni incurren en los mismos costes, lo que puede dar lugar a una competencia desleal. La ley intenta recalcar aspectos de funcionamiento y requisitos, como por ejemplo, licencias. Los contratos *online* están regulados también y se equiparan a los firmados al uso tradicional. No obstante, la ley obliga a las empresas que operan a través de internet a mostrar claramente sus datos identificativos así como el desglose de precios o tasas derivadas de cara a proteger al consumidor.

Los sistemas computarizados de reservas (CRS) y los sistemas globales de distribución (GDS) son programas de información y gestión de servicios que agrupan la multitud de información (horarios, tarifas, disponibilidad, etc.) que manejan diariamente las empresas.

2.2. Qué son los GDS

Las nuevas tecnologías permiten a las empresas e instituciones turísticas acceder y manejar la información no solo de forma más rápida sino también actualizada, a un menor coste. Esto permite la prestación de servicios de manera más eficaz.

Un *Global Distribution System,* sistema global de distribución, en adelante GDS, es un sistema que permite el contacto entre proveedores de servicios de turismo (aerolíneas, líneas ferroviarias, marítimas, hoteles, etc.) con las agencias de viajes que venden al consumidor final. Una vez están conectados al sistema, pueden realizar consultas a tiempo real y tramitaciones de todo tipo.

Actualmente se han convertido en una herramienta muy poderosa no solo a la hora de hacer reservas sino también como plataforma de marketing, ya que las empresas pueden promover sus productos y servicios. ¿De qué forma? Porque algunas de las aplicaciones permiten visiones panorámicas de los hoteles, señalar puntos concretos de mapas, etc.

En la actualidad estos son los GDS líderes del mercado de los viajes en el mundo, cada uno de ellos destacable de una zona:

a) Sabre Holdings

American Airlines en alianza con IBM fue la pionera en cambiar la gestión manual de documentación en el mundo del turismo. A través de la creación del programa de gestión Sabre. Se instaló por primera vez en 1976 en una agencia de viajes y en los años ochenta ya estaba instalado en más de 1000. Inicialmente fue creado en exclusiva para American Airlines. Hoy en día, funciona en torno a tres líneas de negocio:

- STN (Sabre Travel Network): gestiona billetes de avión, alojamiento, alquiler de vehículos y paquetes turísticos a través de agencias de viajes.
- SAS (Sabre Airline Solutions): *software* y servicios a aerolíneas y otros proveedores de transporte aéreo.
- TVLY (Travelocity): es la agencia de viajes propia de Sabre, vende productos de viaje directamente.

Según entornoturismo.com actualmente ocupa casi el 57 % del mercado latinoaméricano. En 2015, adquirió el 100 % de las acciones de otro GDS, Abacus.

b) Worldspan

Fundada en los años noventa es el resultado de la fusión entre PARS (sistema de reservas de Northwest Airlines y TWA) y Datas II (sistema de reservas de Delta Airlines). Al igual que el anterior, representa un estado de comunicación global, distribución e información de servicios turísticos. La compañía opera en tres tipos de negocios: comercio electrónico, tecnología para proveedores de servicios de viaje y sistemas de distribución para la industria de los viajes a nivel global. Forma parte de la plataforma GDS de Travelport.

c) Galileo

Este *software* es propiedad de la compañía internacional Travelport. Al igual que los anteriores ejemplos, este programa permite las reservas, no solo de hoteles, sino de coches, transporte y espectáculos. Comenzó en 1993, cuando British Airways, KLM y Estados Unidos se unieron para crear un sistema electrónico de reservas: Apolo, que las había desarrollado durante los años setenta, se convirtió en la base para el nuevo consorcio.

d) Amadeus

Es un sistema de reservas de viajes de red de distribución internacional. Fue creado por una alianza entre Air France, Lufthansa, Iberia LAE y Scandinavian Airlines System. Se especializa en soluciones informáticas para crear reservas de aerolíneas, trenes, cruceros, alquiler de coches, hoteles y viajes. Amadeus ofrece varios productos de *software* específico para agencias: Savia Ferry, Savia Tour, Savia Tren, Amadeus Hoteles, etc.

Según entornoturístico.com actualmente ocupa el 94 % del mercado europeo.

e) Travel Port

Actualmente es considerado uno de los tres grandes del mercado. Hoy en día se compone de Apollo, Worldspan y Galileo GDS sistemas. Inicialmente se orientó a las compañías aéreas, hoy se utiliza para distribuir productos y servicios de viajes, incluidas habitaciones de hotel y productos de hotel.

f) Travel Sky

Es el principal proveedor de soluciones de tecnología de la información para la industria de viajes y aviación de China. Fue fundada en 2001, con sede central en Beijing. Tiene presencia en más de 300 ciudades del continente asiático comprendiendo más de 8000 agencias y distribuidores de viajes. En 2022 firmó un acuerdo con Amadeus para proporcionar al único sistema informatizado de reservas de China acceso a su inventario.

Existen numerosos GDS más que nos podemos encontrar en el mercado como: SiteMinder, KIU Systems, Abacus, etc.

2.3. Evolución histórica

Hoy en día resulta imposible hablar de gestión de turismo sin incluir internet. Para desarrollar cualquier labor dentro de una agencia es necesario conocer el *software* específico que se utiliza. Tal y como se mencionó en puntos anteriores, la informatización de los procesos dentro de las empresas de turismo no es tan antiguo como parece. En primera instancia, las agencias de viajes hacían búsquedas de forma independiente y, una vez encontraban el producto que mejor se ajustaba al cliente, llamaban al proveedor para reservar plaza. Este sistema, aparte de costoso y lento, era ineficaz tanto para agencias como para proveedores, sin olvidar que el cliente nunca podía saber si era la mejor opción.

A principios de los años setenta, para mejorar este sistema, nace Sabre, el primer CRS (sistema de reservas) de la mano de American Airlines (AA). Se trataba de un programa que gestionaba toda la información relativa a la aerolínea y su logística. A medida que avanzaba la década, comenzaron a instalarlo en algunas agencias para que fueran ellas mismas quienes gestionasen las reservas, de esta forma, el proceso se simplificaba sustancialmente. El siguiente paso que dieron fue instalar vuelos y tarifas de otras compañías aéreas. A medida que su uso se hizo más frecuente entre las empresas de distribución turística, comenzó la competencia y, con ella, United Airlines diseñó Apollo; el consorcio europeo entre: British Airways, Alitalia, KLM y Swissair desarrolló Galileo y, finalmente, el grupo formado por Lufthansa, Air France e Iberia desarrolló Amadeus.

A medida que iba pasando el tiempo, los CRS dejan de ser un canal que solo vende billetes de vuelo para incorporar otros servicios turísticos: hoteles, coches de alquiler, cruceros, etc. Y por tanto, más proveedores se unieron al sistema. Como resultado, las agencias de viajes consiguen acceder con facilidad a una amplia gama de productos y servicios turísticos para diseñar viajes a medida para los clientes, y es así, como los CRS pasan a ser sistemas globales de distribución o GDS. Por tanto, son dos términos que no se deben confundir, el primero es un portal y el segundo un programa de gestión.

Sin duda, la situación mundial vivida por el COVID-19 afectó de forma notable al turismo y a la forma en la que los consumidores se comenzaron a relacionar con las compras *online.* El *Hotel Booking Trends 2022* elaborado por SiteMinder confirma que en 2022 las reservas superaron los niveles prepandemia durante la mayor parte del año, a pesar de la inflación con la consecuente subida de precios. Los sistemas de distribución global (GDS) escalaron un puesto respecto al 2021 y también mejoraron su posición en países como Alemania, Austria, Colombia, Francia, Irlanda, México, Portugal y Sudáfrica.

2.4. Estructura y funcionamiento

Tal y como se comentó anteriormente, los GDS son sistemas de información para la gestión de la multitud de datos que existen en red. Aglutinan todos los CRS de manera que se crea un acceso a un sistema de información global y de gestión de servicios turísticos íntegros: hoteles, vuelos, cruceros, alquiler de coches, entradas, etc.

Por tanto, podemos decir que pone a la carta de la agencia la oferta de los proveedores. ¿Qué pasa cuando una agencia realiza una reserva para un cliente? Se genera un PNR (*Passenger Name Record*) que es un registro único para realizar transacciones que contiene información sobre la reserva que realiza un cliente o conjunto de clientes. *A priori,* el PNR se creó por las líneas aéreas para los pasajeros que necesitaban escalas de diferentes compañías y compartían información, más adelante, se estandariza su uso por la IATA.

A continuación se muestra un ejemplo de un PNR básico del programa Sabre:

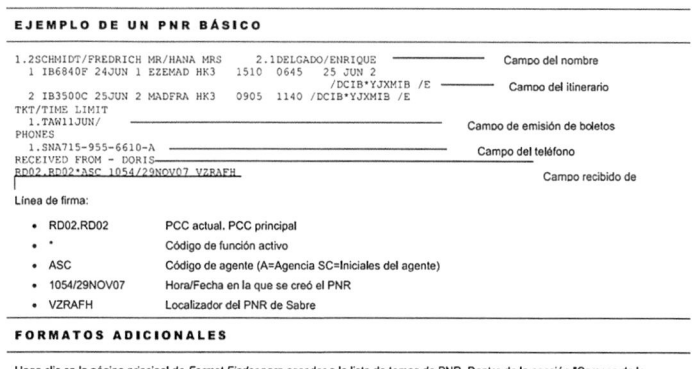

Fuente: http://mymtravel.com/

La estructura de un PNR contempla los siguientes apartados:

- Apellidos y nombre del cliente.
- Datos de la agencia.
- Número de ticket y fechas límites de pago.
- Datos sobre los servicios (se incluye una línea diferente por servicio).
- Nombre de la persona que realiza la reserva.
- Localizador.
- Tarifas y restricciones.
- Formas de pago.
- Detalles adicionales de contacto con el cliente.
- Control de emisión del billete.
- Servicios especiales.

La estructura y el funcionamiento de los GDS comienzan siempre con el cliente solicitando información a una agencia de viajes. Esta emite una solicitud de reserva al GDS, que a su vez está conectado con diferentes proveedores, creando así una gran base de datos de acceso directo a las diferentes compañías. Una vez que la agencia encuentra para el cliente el producto que se le ajusta y lo selecciona, el proveedor genera un localizador de transacción y el PNR. Toda esta información vuelve a la agencia en forma de confirmación de esa reserva.

2.5. Consulta, reserva, venta y emisión de documentos en tiempo real para los servicios de los proveedores de transporte aéreo, ferroviario, marítimo, cadenas hoteleras, mayoristas y demás prestatarias turísticas

2.5.1. Tarifas

Los establecimientos hoteleros fijan sus tarifas en función de:

- Tipo de hotel que es: si es de lujo, medio, hostal, etc. Varía en función de su categoría.
- Los tipos de habitación: suite, doble, individual.
- Servicios complementarios que incluye.
- Régimen de alojamiento.
- Edad de los clientes. Suelen ofertar descuentos por menores.

El transporte, como cualquiera de los servicios o productos ofertados se encuentra sujeto a la aplicación de impuestos y tasas. Cada estado fija estas tarifas de forma diferente dependiendo de los factores que lo incidan. Vamos a repasar factores generales en la construcción de las diferentes tarifas:

- Tarifas aéreas están condicionadas por una serie de elementos generales:
  - La temporada de adquisición del billete, si es alta o baja.
  - La ruta elegida. El precio de un billete suele fijarse en función del coste/milla. Todas las tarifas publicadas tienen establecido un máximo de millas permitidas (MPM) y las millas reales (TPM). Por rutas indirectas suele aplicarse un recargo del 25 % aunque se venda una ruta directa.
  - El número de personas que van a viajar juntas.
  - La edad de los pasajeros. Existen descuentos para bebés de hasta 24 meses o niños de hasta 12 años.
  - La duración de la estancia. Las tarifas completas suelen permitir un máximo de un año, en cuyo caso, el precio suele ser más bajo que la estancia mínima de un día, en cuyo caso, suele aumentar.

- La SU (*Sunday Rule*). Es una condición que obliga al pasajero a pasar la noche de sábado a domingo para beneficiarse de un descuento. Suele ser propio, por ejemplo, de los viajes de negocios o profesionales.
- La forma de pago y adquisición.
- Los tipos de tarifas aéreas que existen:
  → Las propias de cada compañía que deciden fijar.
  → Las públicas en acuerdo con la IATA que suelen ser: las normales sin restricciones y para todas las clases.

- Tarifas ferroviarias vienen determinadas por:
  - Tipo de tren.
  - Clase.
  - Horario.
  - Distancia.
  - Edad del viajero. Aquí se suelen aplicar múltiples descuentos:
    → Niños menores de 4 años: gratuito sin derecho a reserva de plaza.
    → Niños entre 4 y 14 años: 40 % de descuento no acumulable a otros.
    → Familia numerosa. Entre el 20 y el 50 % según sea general o especial.
    → Carné joven para menores de 26 años. Hasta un 20 % de descuento.
    → Tarjeta dorada para mayores de 60 años y para personas con una discapacidad igual o superior al 33 % o si eres pensionista mayor de 18 años en situación de incapacidad permanente. Descuentos entre 25 a 40 % dependiendo del día de viaje.

2.5.2. Legislación sobre viajeros en tránsito y aduanas

No solo los viajeros están obligados al conocimiento de la ley, sino que también lo están las agencias de viajes. En este epígrafe se hace tratamiento sobre lo que los ciudadanos de la Unión Europea deben conocer en cuanto a documentos requeridos para entradas y salidas de los destinos ofertados por las agencias.

Se pueden consultar las necesidades concretas de cada país en la página de Asuntos Exteriores dedicada a servicios al ciudadano:

http://www.exteriores.gob.es/Portal/es/ServiciosAlCiudadano/SiViajasAl Extranjero/

A) EL DOCUMENTO NACIONAL DE IDENTIDAD

El DNI tiene valor de acreditación personal, y es necesario que esté en vigor para viajar libremente entre los países acogidos al Tratado de Schengen. No todos los países pueden emitir este documento.

B) EL PASAPORTE

A pesar del DNI, siempre es recomendable tener actualizado el pasaporte, pues tiene un valor acreditativo más internacional. Es un documento homologado por todos los países para entrar y salir del mismo. En España, la expedición del pasaporte se realizada en las comisarías de Policía Nacional y, fuera de España, puede tramitarse en embajadas y consulados.

C) EL VISADO

Es un documento complementario que puede ser exigido o no por el país receptor. Puede responder a la necesidad de controlar las entradas y salidas o bien de encontrar una fuente de ingresos, ya que en ocasiones hay que pagar unas tasas para su expedición. A parte del propio visado, el país puede exigir documentación en vigor, cuestionarios sobre las razones de la visita o informes de cualquier tipo, además de su solicitud con antelación.

Es importante no confundirlo con la visa. La visa es un tipo de procedimiento que no necesita una solicitud anterior, sino que se sella a la llegada previa muestra del pasaporte. La visa incluye el sello de entrada al país.

Hay diferentes tipos de visados:

—   Tránsito: permite el paso de viajeros temporalmente por un territorio de camino al destino final.

—   Estancia: es el visado turístico propiamente dicho. Habilita para una estancia de tipo temporal.

—   Residencia: autoriza a vivir en un país pero sin el ejercicio profesional.

—   Trabajo: habilita durante un tiempo determinado al ejercicio profesional.

—   Estudios: habilita a permanecer en el destino durante el tiempo que duren los estudios.

A continuación mostramos un ejemplo extraído de la página web de obtención de visados, donde los viajeros pueden consultar los documentos. Las agencias pueden solicitar los visados a los viajeros.

D) DOCUMENTOS DE CONTROL

Son una fichas de entrada y de salida de destinos en los que se pide al viajero que rellene un formulario en el que se especifican los motivos que tiene el viajero para estar en ese país.

Las agencias de viajes son responsables de prestar atención a los requisitos en materia de control o de visado. En ocasiones, pueden existir destinos que vetan la entrada de viajeros en cuyos pasaportes aparezcan sellos que prueben haber estado en destinos enfrentados en materias políticas o económicas.

E) CARTAS DE VACUNACIÓN

Existen destinos que pueden exigir requisitos en materia de salud. La OMS ha creado el certificado internacional de vacunación que muestra que el turista ha sido vacunado contra diversas enfermedades. En España este documento, así como las vacunas, depende de centros internacionales de vacunación. Durante la época que hemos vivido de pandemia, se hizo obligatorio el uso del Pasaporte COVID.222.

El documento es el siguiente:

Fuente: www.turisteo.com

F) DIVISAS Y CAMBIOS

Como podemos encontrarnos en la página oficial de la Unión Europea (www.europa.eu) no existen normas a escala de la UE para viajar con dinero efectivo entre los países que la componen, pero recomiendan encarecidamente consultar siempre antes de viajar con las autoridades aduaneras locales de los países de partida y de llegada, así como de los países de tránsito.

Si el viajero/a tiene previsto entrar en la UE o salir de ella con 10 000 euros en efectivo (o su equivalente en otras divisas) o llevar una o varias de las materias primas enumeradas a continuación (por un valor de 10 000 euros), debe declararlo a las autoridades aduaneras del país de la UE en el que entre o del que salga, utilizando para ello el formulario de declaración de efectivo de la UE. Las normas de la UE definen el efectivo como:

— Billetes y monedas (incluidas las monedas que ya no están en circulación, pero que han sido aceptadas para el canje por los bancos).

— Efectos negociables al portador (es decir, cheques y cheques de viaje, pagarés u órdenes de pago firmadas, pero sin un beneficiario designado).

— Monedas con un contenido de oro del 90 %, como mínimo.

— Oro sin acuñar, como en forma de lingotes o pepitas, con un contenido de oro del 99,5 %, como mínimo.

El cambio de divisas supone la transformación de una moneda de origen a otra local. La tasa de cambio varía constantemente, entre otras cosas, por el poder y situación social del país en cuestión. El viajero puede realizar cambios de divisas en cualquier lugar: banco, aeropuertos, casas de cambios en las ciudades, etc., siempre teniendo en cuenta que se aplicará una comisión o plus a esa tasa de cambio. Lo mismo ocurre con los pagos con tarjeta, se aplicará una tasa de conversión fijada por cada entidad, si bien es cierto que cabe mencionar la entrada en escena de tarjetas que permiten cambios de divisas sin coste alguno como es el caso de Revolut.

G) LOS SEGUROS DE VIAJE

La dispensación de seguros de viaje por parte de las agencias supone la única forma que tiene el viajero de protegerse frente a imprevistos. En España, pese a la insistencia de las diferentes políticas, son pocos los viajeros que contratan un seguro para sus viajes. El contrato de una póliza de seguros va a depender de:

— Los viajeros: hay que tener en cuenta el número de viajeros, ya que el seguro puede ser individual, de familia o colectivo, y su tipología (estudiantes, tercera edad, etc.).

— La duración del viaje.

- El destino.

- El motivo del desplazamiento: cruceros, deportes de riesgo, deportes náuticos, circuitos, etc.

- Propósito del seguro: de anulación, responsabilidad civil, cobertura médica, robo o pérdida de equipaje.

Las agencias deben conocer a fondo todas las vertientes referentes a seguros con el fin de contratar y ofrecer exactamente lo que están demandando los clientes. Resulta indispensable para la agencia controlar al detalle los siguientes puntos que aparecen en el contrato suscrito entre aseguradora y agencia a favor de un cliente:

- La prima: cantidad que paga el cliente por el contrato de la póliza.

- Las cláusulas: en ellas aparece detalladas los límites del contrato y la cobertura de este para el turista.

- Las franquicias: cantidades de dinero no cubiertas en caso de incidente.

2.5.3. Los derechos de los viajeros

Desde la página del Ministerio de Sanidad, Consumo y Bienestar podemos consultar cómo nuestro país se ha adecuado a la Directiva Europea 2015/2302 del Parlamento Europeo y del Consejo, de 25 de noviembre de 2015, en materia de control y defensa del consumidor turístico de viajes combinados. Con el fin de adecuar la normativa europea a las nuevas necesidades del mercado, los Estados miembros de la Unión Europea (UE) han adaptado su legislación sobre viajes combinados y servicios de viaje vinculados para ofrecer así una mayor protección a los viajeros. Entre los que destacamos los siguientes:

A) DERECHO A RECIBIR INFORMACIÓN

La nueva normativa regula de forma precisa la información que debe facilitarse de modo que el viajero recibirá la información esencial antes de firmar el contrato. Esta tendrá carácter vinculante, se facilitará al menos en castellano y, al igual que el contrato, será clara, comprensible y destacada. Existen, para ello, modelos normalizados de información precontractual. Se facilitarán las principales características del viaje como el precio final, comisiones, forma de pago, itinerarios, estancias, transporte, manutención, visitas, si es apto para viajeros con movilidad reducida, o el número mínimo de personas necesarias para realizar el viaje.

B) DERECHO DE CESIÓN DEL VIAJE

El consumidor podrá ceder el viaje a otra persona con un preaviso razonable de al menos siete días naturales al inicio del viaje. Esta cesión podrá estar sujeta a recargos u otros costes adicionales justificables. El organizador informará al cedente de los costes efectivos de la cesión.

C) DERECHO DE RESCISIÓN DEL CONTRATO

El viajero podrá resolver el contrato antes del inicio del viaje. En este caso, el empresario podrá establecer una penalización y la recuperación de los costes que haya asumido, y sean justificables, durante el proceso de contratación y por las reservas anuladas. En circunstancias excepcionales, si en el lugar de destino o sus inmediaciones existen graves problemas de seguridad que puedan afectar al viaje, los viajeros podrán poner fin al contrato antes de su inicio sin pagar ninguna penalización. Ante cambios sustanciales en algunas de las características principales de los servicios o necesidades especiales contratadas, el viajero podrá decidir si acepta los cambios o resuelve el contrato de viaje sin penalización.

Si la ejecución del viaje se ve afectada sustancialmente por la no prestación de servicios, el consumidor también podrá poner fin al contrato sin penalización. Si el empresario incrementa el precio más de un 8 %, el viajero podrá poner fin al contrato sin penalización.

D) DERECHO DE DESISTIMIENTO

El viajero dispone de un plazo de 14 días naturales para ejercer su derecho de desistimiento sin necesidad de justificación cuando se haya contratado el viaje fuera del establecimiento mercantil, por ejemplo, si se ha realizado en línea.

E) DERECHO DE ASISTENCIA

Emergencias

El organizador deberá proporcionar asistencia adecuada y sin demora al viajero cuando se encuentre en dificultades:

— Información adecuada sobre los servicios sanitarios, las autoridades locales y asistencia consular.

- Asistencia y ayuda para establecer comunicaciones a distancia y encontrar fórmulas de viaje alternativas.

Si la situación de emergencia se ha originado de forma intencionada o por negligencia del viajero, la empresa podrá cobrar una tasa razonable que no podrá superar los costes reales ocasionados al organizador.

No hay viaje de vuelta por circunstancias extraordinarias

El viajero tiene derecho a tres noches de alojamiento. Cuando la legislación de la Unión sobre derechos de los pasajeros aplicable a los correspondientes medios de transporte para el regreso del viajero establezca períodos más largos, se aplicarán dichos períodos.

En el caso de personas con discapacidad o movilidad reducida, sus acompañantes, las mujeres embarazadas y los menores no acompañados, así como a las personas que hayan notificado necesidades de asistencia médica específica, esa limitación en el número de noches no se aplicará.

F) DERECHO A COMPENSACIÓN

Antes del viaje

El organizador no podrá modificar unilateralmente el contrato, con excepción del precio, salvo que se haya reservado este derecho, el cambio sea insignificante y haya informado al viajero de forma clara, comprensible y destacada en un soporte duradero. Ante cambios sustanciales en algunas de las características principales de los servicios o de las necesidades especiales contratadas, el viajero podrá decidir entre si acepta esos cambios o resuelve el contrato sin penalización. Si aceptara el viaje y su calidad o coste fuera inferior al contratado, tendría derecho a un descuento en el precio.

Es conveniente tener en cuenta el tema de las cancelaciones de los viajes, pues los casos de indemnizaciones son más específicos.

Durante el viaje

¿Qué ocurre si los servicios qué ha contratado el viajero no se corresponden con la realidad? La empresa deberá ofrecer al viajero fórmulas alternativas equivalentes a las contratadas, de lo contrario el viajero tendrá derecho a una reducción del precio y/o una posible indemnización por daños y perjuicios. Si lo ofertado por la empresa es, de alguna forma, menor a lo contratado, el viajero tendrá derecho a una reducción en el precio o bien, incluso a la repatriación.

2.5.4. Las reservas

El concepto de *reserva* aplicado al turismo implica dos cosas: en primer lugar, que existe un cliente con intención de adquirir un producto turístico, y en segundo lugar, que existe una agencia dispuesta a proveer ese servicio. Existen, no obstante, unos requisitos para agencia y cliente: por un lado, las agencias pueden solicitar un anticipo (no podrán ser superiores al 25 % del precio del mismo viaje, excepto cuando los organizadores se enfrenten a costes que justifiquen un anticipo más elevado —modificación respecto a la Ley de viajes combinados—) y disponen de unos plazos determinados para informar al cliente sobre la reserva que ha realizado.

Como ya se ha hecho mención, las reservas pueden ser individuales o para grupos, con las segundas, el proceso es algo más complejo y largo.

PROCEDIMIENTO DE UNA RESERVA

1. Fase de acogida del cliente

Cuando un cliente contacta por primera vez con una agencia de viajes es porque está buscando información por parte de un experto para lograr su objetivo siempre de acuerdo a sus necesidades. En esta parte, cabe destacar que la amabilidad y calidad de prospección por parte de la agencia son parte vital para que el trabajo resulte un éxito. La agencia debe hacerse preguntas como: ¿Qué quiere el cliente? ¿Cuándo lo quiere? ¿Dónde lo quiere? ¿Con qué presupuesto cuenta? ¿Qué necesidades tiene en cuánto al producto que quiere?

La agencia debe recordar que no hay mejor publicidad que un cliente satisfecho y que los viajes combinados, en ocasiones, no son fruto de una decisión momentánea sino que, más bien, corresponden a un tiempo de reflexión y toma de decisiones. Esto quiere decir que el cliente potencial tenderá a visitar la agencia en más de una ocasión para completar la información que ya tienen o rellenar huecos o dudas que van surgiendo conforme va a avanzando la relación.

Para ello, existe un documento llamado Hoja de Solicitud de Información que no responde a ningún documento estándar, ya que la agencia puede elaborar el suyo propio. Cumple la función de *briefing*, simplifica la labor de los agentes y debe estar adaptado a las necesidades que demanda su trabajo diario, en cuanto a la información que deben recoger. Un modelo tipo podría ser el siguiente:

FECHA: AGENTE: Nº EXPE:
NOMBRE Y APELLIDOS DATOS DE CONTACTO (dirección, teléfono, *mail*) Nº DE PLAZAS:
DATOS SOBRE EL VIAJE
DESTINO: FECHAS DE SALIDA DURACIÓN: TIPO DE VIAJE:
SERVICIOS DE TRANSPORTE
ORIGEN: FECHA: CLASE: DESTINO: FECHA: CLASE:
OBSERVACIONES
SERVICIOS DE ALOJAMIENTO
HABITACIÓN: RÉGIMEN: ENTRADA: SALIDA:
OBSERVACIONES
SERVICIOS EXTRA
PAQUETE: FECHA:
OBSERVACIONES
RESUMEN DE PRECIOS
POR PAX

2. Fase de la petición formal

Una vez que el cliente posee toda la información y está satisfecho respecto al producto seleccionado, solicita a la agencia de viajes una tramitación de reserva. La agencia, una vez inicie el trámite de reserva, debe informar al cliente de todas las características inherentes a esta, por ejemplo: políticas de cancelación y anulación del propio viaje. Como ya se indicó en el aparatado de seguros, existen pólizas que cubren las anulaciones. Además, debe recordar al cliente todas las condiciones económicas o plazos.

Para la reserva, la agencia debe abrir un expediente en el que aparecerá:

– Número de expediente: se le debe otorgar una numeración al proceso para facilitar su localización e identificación tanto por parte de la agencia como del cliente.

– Datos personales del viajero o viajeros: nombre, apellidos, domicilio, teléfono de contacto, correo electrónico, fecha de nacimiento, DNI.

– Datos de reserva: tipo de habitación, régimen, precio, descuentos.

– Opciones: incluir opciones en caso de no disponibilidad de primera opción.

– Observaciones: si existe algún tipo de información susceptible.

Para esta parte la agencia utilizará un documento estándar, bien en soporte físico o bien en su propio programa de gestión, que consistirá, al igual que en cualquier base de datos, en campos a rellenar para luego generar el informe. Una copia debe ser para el cliente y la otra para el archivo de la agencia.

A continuación mostramos un ejemplo de solicitud de reserva con campos pertinentes para una agencia minorista:

DATOS DEL TITULAR DE RESERVA

Nombre + 2 apellidos_____ DNI_____
Calle_____ N°_____ Piso_____
C.P_____ Localidad_____ Ciudad_____
Telefono Fijo_____ Tel Móvil_____
E-mail_____ N° de Fax_____

DATOS DE LA RESERVA

Destino de Viaje / Curso / Actividad_____
Nombre Alojamiento o paquete_____
Tipo de Alojamiento y Regimen_____
N° de adultos (incluido el titular)_____
N° de niños menores de edad (indicar edad)_____
Fecha de inicio de viaje_____
Fecha de fin de viaje_____
Nombres de participantes:_____
_____
_____

VERANO: SERVICIOS OPCIONALES RESERVAS CRUCEROS – TURISMO - COSTAS

Seguro de Asistencia en viaje: N° de seguros anuales_____ N° de seguros de semana_____
Seguro de Gastos de Anulación: N° de seguros anuales_____ N° de seguros de semana_____
Transporte en: Crucero. Avión. Autobús. Tren. Alquilar Coche. Sin Transporte_____
Otros Servicios a reservar _____

Fuente: http://www.skikamel.com/

Vamos a suponer, por otro lado, que es ahora la agencia minorista la que debe buscar esos productos para su cliente. Tiene que ponerse en contacto con el mayorista que dispone de esos productos. Entre ambos, al tratarse por supuesto de un sistema en red, quedará codificado mediante un localizador.

3. Fase de búsqueda de las opciones de reserva

Una vez que la agencia dispone de la información, el siguiente paso consiste en tener que buscar a través de sus programas de gestión vuelos, hoteles, etc. Como se ha explicado en puntos anteriores, la existencia de los GDS radica en sintetizar toda la información en un *server* central. Esto quiere decir que los proveedores de hoteles y transportes están adheridos al programa, y las agencias pueden consultar en tiempo real los datos sobre los viajes. Vamos a ver este proceso a través del programa de gestión **Beroni**.

2.5.5. Manejo de *software* específico para las reservas

Tal y como se ha comentado en puntos anteriores, existen varios programas de gestión para las agencias de viajes. La usabilidad y funcionalidad de estos programas es muy similar, ya que el propósito que cumplen para las empresas de turismo es el mismo. No quiere decir esto que los procedimientos sean iguales pero sí similares.

El programa **Beroni** funciona como central de reservas entre agencia y proveedores en tiempo real. El procedimiento de acción sería el siguiente:

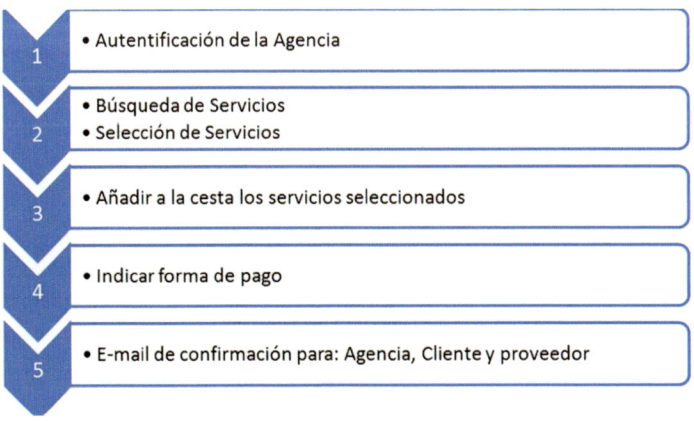

1 • Autentificación de la Agencia

2 • Búsqueda de Servicios
  • Selección de Servicios

3 • Añadir a la cesta los servicios seleccionados

4 • Indicar forma de pago

5 • E-mail de confirmación para: Agencia, Cliente y proveedor

Vamos a ver todo el proceso de reserva de un hotel para un cliente ficticio, que se ha indicado en el gráfico anterior a través de las diferentes pantallas de www.beroni.com/centraldereservas. Esta sería la pantalla inicial del programa:

Fuente: www.beroni.com/centraldereservas

Paso 1: identificación de la propia agencia. Para estar adheridos al programa, la agencia debe poseer una clave de identificación que la autorice a hacer las búsquedas.

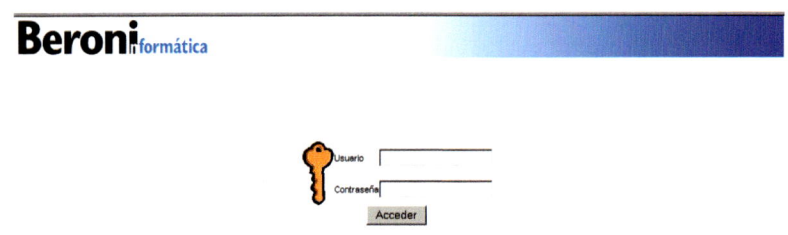

Fuente: www.beroni.com/centraldereservas

Paso 2: identificar cuáles son los servicios que la agencia necesita buscar para su cliente: hoteles, espectáculos, etc.

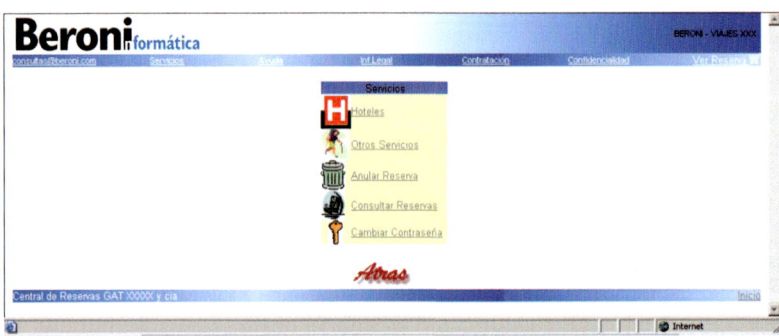

Fuente: www.beroni.com/centraldereservas

Paso 3: selección de servicios de acuerdo a las necesidades de los clientes. Si un cliente nos está demandando un hotel, tendremos que tener en cuenta las características que este quiere, por ejemplo, si es una doble con desayuno o pensión completa.

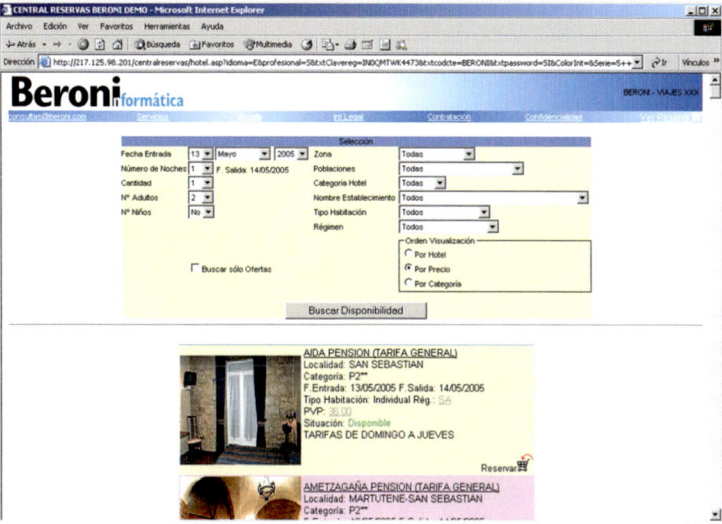

Fuente: www.beroni.com/centraldereservas

Paso 4: una vez que el servicio se encuentra confirmado, aparece en la «cesta», una herramienta propia de los programas o webs que funciona con una pasarela de pago a través de una entidad bancaria.

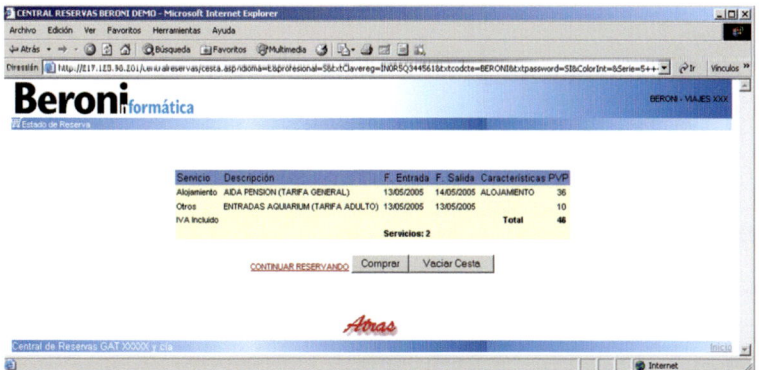

Fuente: www.beroni.com/centraldereservas

Paso 5: introducir los datos propios de la agencia minorista que está solicitando el producto turístico a favor de un cliente para proveedor. Vemos que
en este punto ya nos solicita un localizador para la operación.

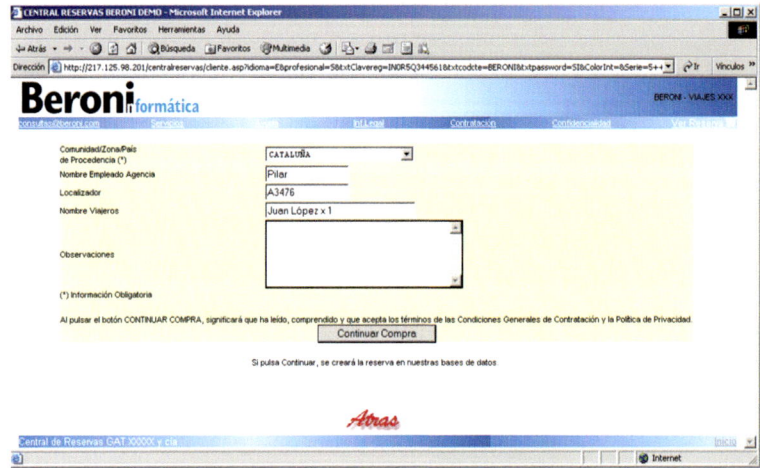

Fuente: www.beroni.com/centraldereservas

Paso 6: introducir los datos personales y de identificación del cliente.

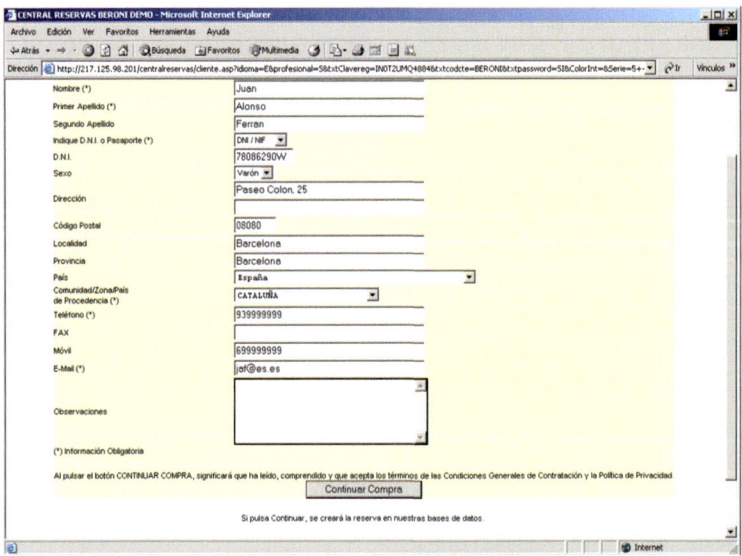

Fuente: www.beroni.com/centraldereservas

Paso 7: confirmar la reserva del producto que la agencia ha seleccionado.

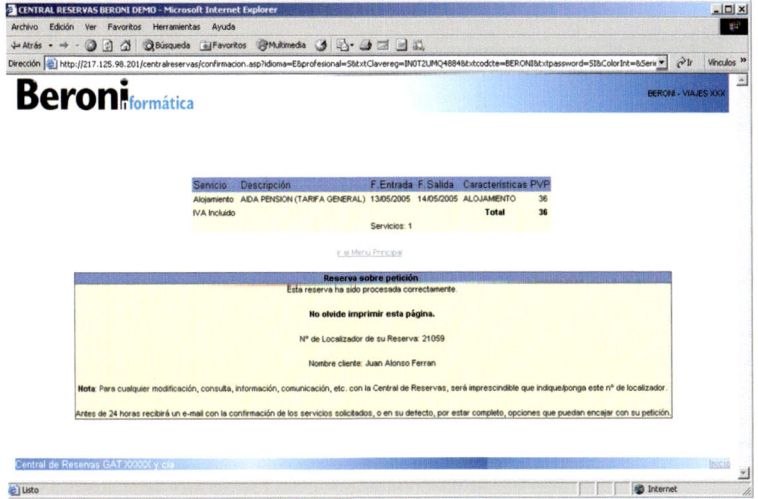

Paso 8: se genera una documentación que se envía al cliente.

Paso 9: se genera una documentación que se envía al proveedor del servicio.

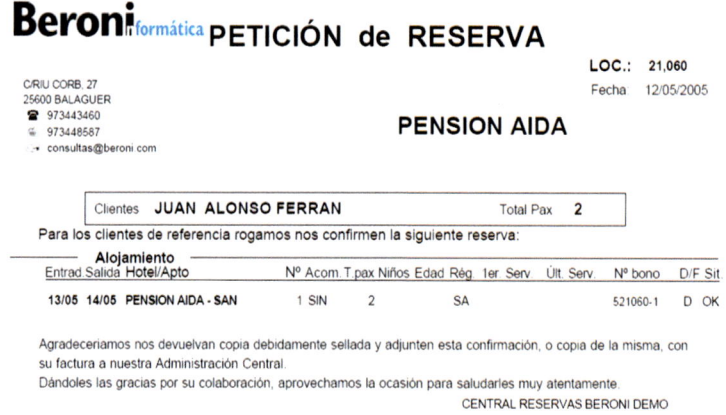

Este programa es bastante simple, ya que está todo muy procedimentado en pasos que tiene que dar la agencia para cumplimentar una reserva. **Beroni** posee otras opciones que facilitan enormemente la tarea de proveedores y agencias, como pueden ser por ejemplo:

a) La consulta de reservas efectuadas. El programa dispone de una serie de filtros para que la agencia o proveedores puedan localizar los cupos que tengan en ciertas fechas. Podemos buscar por localizador, nombre del viajero o fechas:

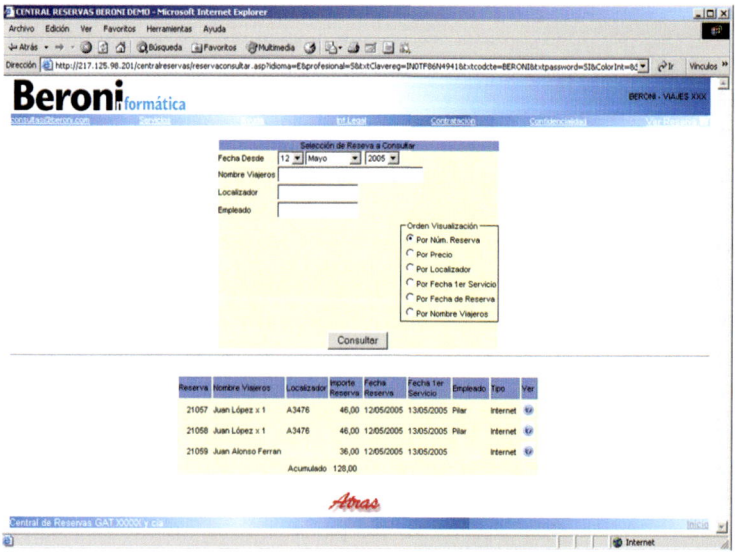

Así como ver los detalles de la reserva:

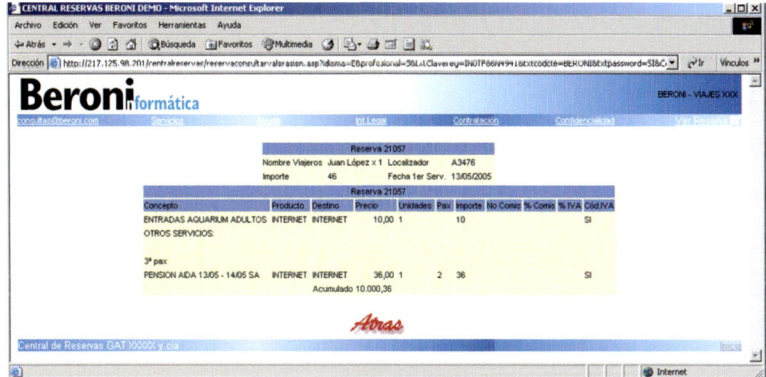

Fuente: **www.beroni.com**/centraldereservas

b) Consulta de cupo para los proveedores en fechas determinadas. Así como modificar el propio cupo:

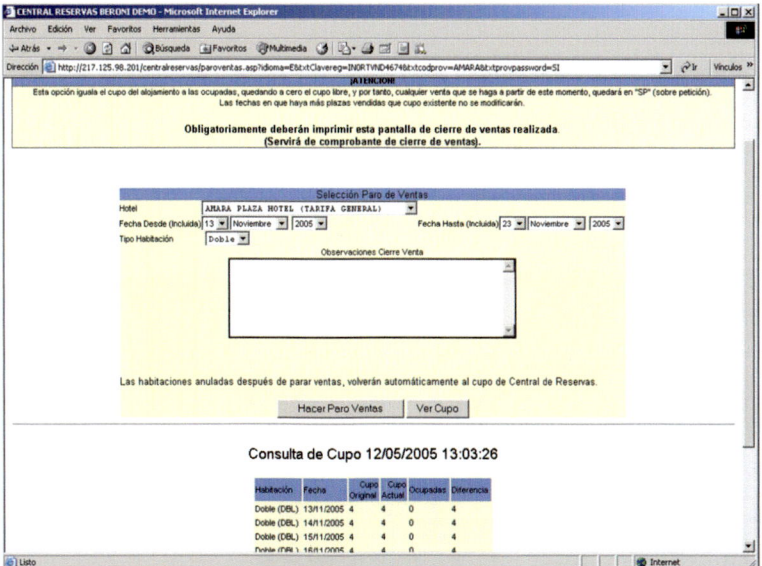

Fuente: **www.beroni.com**/centraldereservas

c) Cambios y modificaciones de tarifas en los productos o servicios:

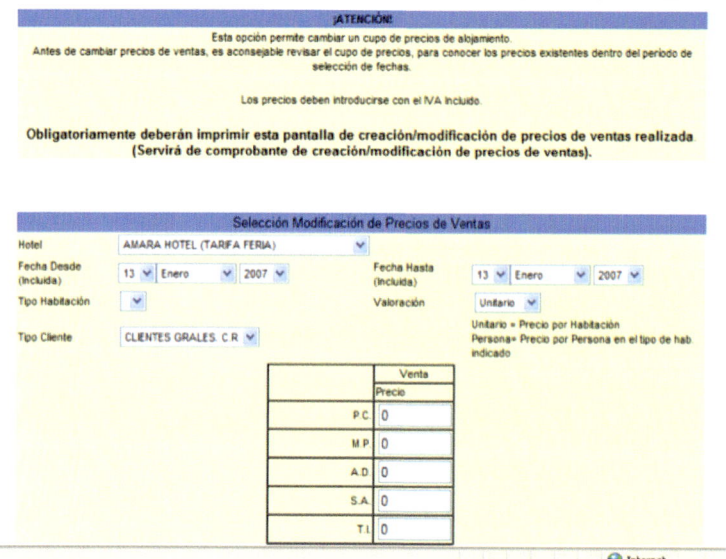

Fuente: www.beroni.com/centraldereservas

d) Generación de informes de ventas de los productos turísticos:

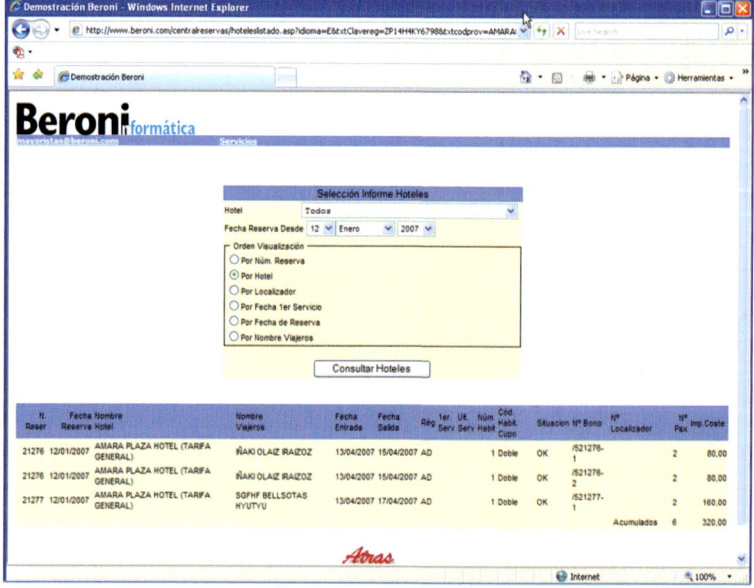

Fuente: www.beroni.com/centraldereservas

e) Consultar las características del producto; puede resultar interesante respecto a demandas especiales de los clientes:

Fuente: www.beroni.com/centraldereservas

f) Plantillas para realizar contratos entre cliente-agencia:

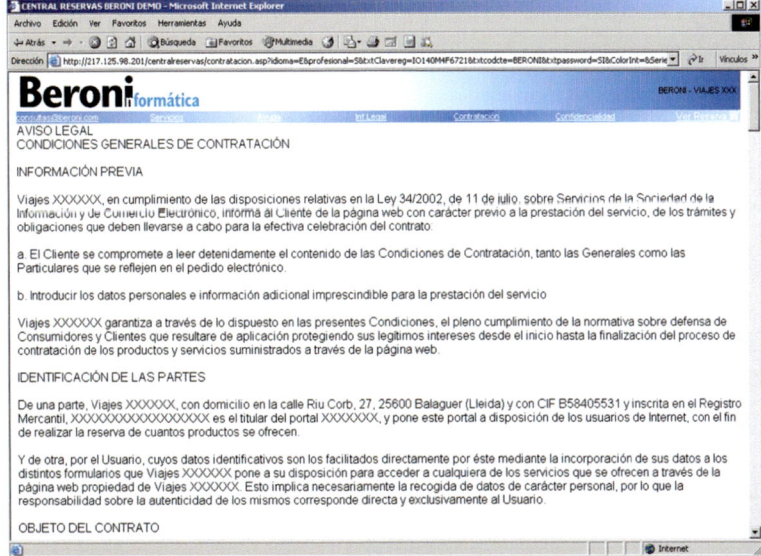

Fuente: www.beroni.com/centraldereservas

Por tanto, podemos afirmar que la conversación entre agencia de viajes con proveedor debe ser estrecha y directa. Puede darse la situación de que la conversación se realice por teléfono, aun así, todas las agencias de viajes tienen establecidos unos procedimientos o protocolos de actuación. Es cierto que hoy en día premia la inmediatez y todas estas gestiones de confirmación suelen realizarse por correo electrónico.

Una vez que la agencia recibe la confirmación por parte del proveedor, debe examinar a conciencia toda la información que aparece y comprobar si nombres, fechas y datos relevantes son correctos. Es tarea del agente responsable del cliente detectar posibles anomalías o errores.

En caso de que estas gestiones se realicen por correo electrónico, es conveniente tomar nota de las partes relevantes de la conversación y asignar a ese documento el número de localizador.

Por tanto, la hoja que recibe el cliente con su reserva será algo similar a la siguiente; tiene cuatro partes importantes que a continuación vamos a explicar:

1	RESERVA: 04GXD3 ESTADO DE LA RESERVA: CONFIRMADA

DATOS DE LA AGENCIA	DATOS DE LA RESERVA
2 AGENCIA: SUCURSAL: AGENTE: EXPEDIENTE: DIRECCIÓN: CIUDAD: TELÉFONO: *MAIL:*	FECHA CREACIÓN: DESTINO: PRODUCTO: FECHA SALIDA: FECHA VUELTA: ADULTOS NIÑOS BEBÉS RESERVADO POR:

3 DATOS PASAJEROS
NOMBRE Y APELLIDOS

4 SERVICIOS
INICIO FIN SERVICIO UNIDAD MODALIDAD ESTADO

OTROS SERVICIO
INICIO FIN SERVICIO UNIDAD MODALIDAD ESTADO

La primera parte del documento de reserva corresponde al código de la reserva, de estilo alfanumérico, que facilita su identificación dentro del programa tanto para los proveedores como para los clientes. Por otro lado, nos encontramos el estado de la reserva, que si ya se lo entregamos al cliente, aparece que está confirmada.

En la segunda parte del documento se introducen los datos relativos a la agencia que ha realizado la transacción, así como los datos pertinentes a la reserva. Estos datos son identificativos. En la tercera parte es donde introducimos el nombre y apellidos del cliente o clientes.

Para la cuarta parte o quinta, debemos incluir la descripción de servicios, indicando de cada uno: la fecha de inicio y de fin, en ocasiones, si el programa lo tiene predeterminado, puede aparecernos en inglés como IN/OUT, el servicio que es, el número de unidades o pax (esto dependerá del número de viajeros), la modalidad (características del servicio) y el estado en el que se encuentra ese servicio. Por ejemplo, un servicio de vuelo:

INICIO	FIN	SERVICIO	UNID	MODALIDAD	ESTADO
12/08/2015	12/08/2015	MADRID-LA HABANA (AIR EUROPA)	4	UX52 SALIDA 15:00 LLEGADA 18:50 PNR 3KHHN5	OK

Dentro de los procesos de reservas, conviene hacer especial mención al proceso de reserva para billetaje aéreo. Aquí se incluye el servicio de vuelo independientemente de que realice escala o no. No se tienen en cuenta servicios adicionales más allá del vuelo.

CONSIDERACIONES GENERALES DE RESERVAS EN GDS

Reservas de billetes aéreos en GDS

Al igual que los hoteles, los GDS permiten la posibilidad no solo de reservar alojamiento sino también transporte para el cliente. Las gestiones pueden variar dependiendo de la compañía aérea. No obstante, el proceso será similar al anterior indicado con los hoteles.

Algunas consideraciones que debemos tener en cuenta sobre las reservas de vuelos son:

— Los datos de los pasajeros deben aparecer tal y como se muestran en sus documentos oficiales.

— Para las fechas, siempre serán números de dos dígitos y los meses tendrán abreviaturas de tres letras. Por ejemplo: 16/JUN/05.

- Los nombres de las ciudades (aeropuertos) pueden aparecer abreviados también. Es frecuente el uso de los códigos IATA; si nos referimos a poblaciones con más de un aeropuerto de tráfico comercial, se debe indicar aeropuerto de llegada y de salida; si se sabe terminal, también. Ejemplo de uso de código IATA es VLC para Valencia.

- Los números de vuelo aparecen ya registrados en los programas GDS; son los mismos que los paneles informativos de los aeropuertos. Suelen ser una combinación de letras (que identifican la compañía) y números (trayecto/frecuencia).

- Las clases de los vuelos suelen identificarse con letras: F (primera clase), C (*business*) y la Y (turista).

- UX. Es el código IATA para la aerolínea que presta los servicios, en el ejemplo anterior podemos ver UX52 para Air Europa.

- OW. Es un acrónimo para hablar de *One Way* (trayecto de ida).

- RP. Es el elemento de referencia de la oficina que realiza la reserva.

- Los datos de los viajeros:

  - NM. Es el acrónimo para nombre del pasajero o pasajeros. Aquí es conveniente recordar que los GDS disponen de hasta un máximo de nueve pasajeros por reserva. Para uno número mayor se debe contactar con la compañía. Siempre se introduce primero el apellido seguido de una barra y la inicial del nombre, seguido de MR o MRS (se puede utilizar SR o SRA si el vuelo es nacional).

  - ID indica la identificación.

  - DOB la fecha de nacimiento.

  - AP son los datos personales del pasajero.

  Ejemplo: ALVAREZ/J MR / IDDOB16JUN86

- TK. Nos encontramos en el GDS estas iniciales que nos indican el tiempo límite que se fija para la emisión del billete en reserva, por tanto, si no se confirma, el programa lo cancela de forma automática.

- RM es el acrónimo para cualquier observación que deseemos hacer constar en la reserva del vuelo. Por ejemplo: solicitud de ventanilla.

- RF indica cuando la persona que hace la reserva no es la misma que el propio pasajero.

- ET indica en el GDS que la transacción está completa y por tanto finalizada. Si todos los datos que hemos rellenado son correctos, el programa nos da un localizador de la operación.

A continuación se muestra un ejemplo de PNR con el programa Amadeus:

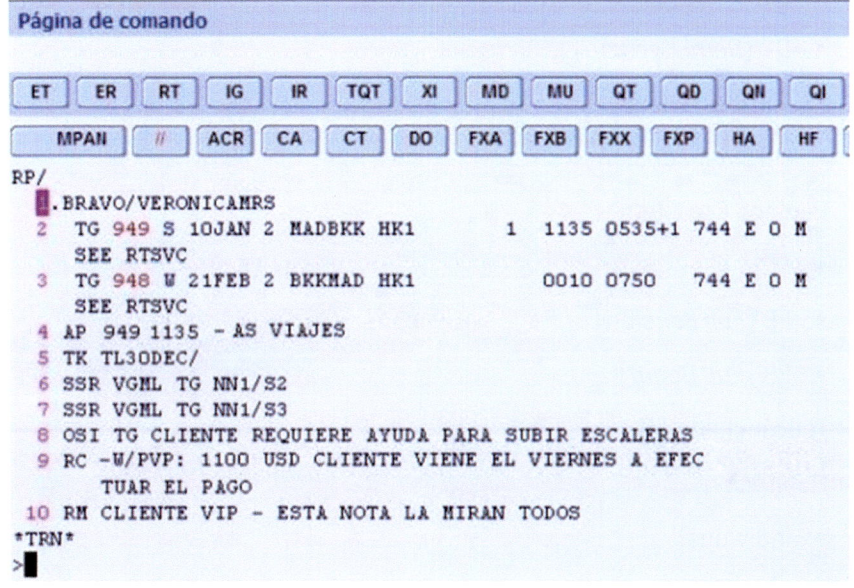

Como se ha señalado anteriormente, los GDS permiten un máximo de nueve plazas por reserva, por tanto, si el grupo es mayor, se debe contactar automáticamente con la propia aerolínea. Si bien es cierto que el programa, aun así, informa del número de plazas que hay disponibles en ese vuelo.

Reservas hoteles

Al igual que con las reservas aéreas, existen numerosas abreviaturas propias de los sistemas globales de distribución que el agente debe conocer para indicar tipo de habitación y régimen alimenticio, más allá de los que todos conocemos:

— Solo alojamiento

- H
- HA
- SA
- BED ONLY

— Alojamiento y desayuno

- HD
- AD

- Media pensión
  - MP
  - DP (*Demi Pension*)
  - HB (*Half Board*)
  - HP (*Half Pension*)
- Pensión Completa
  - PC
  - FP (*Full Pension*)
  - FB (*Full Board*)
- Todo incluido : TI
- Habitación
  - Individual
    - → IND
    - → SGL (*Single*)
    - → SGLB (*Single* con baño)
  - Doble
    - → DOB
    - → TWIN (2 camas)
    - → DUS (Doble uso *single*)
    - → DUI (Doble uso individual)
  - Triple
    - → TPL
    - → TRP
  - Suite
    - → STE
    - → SUIT

3. La distribución turística en internet

Contenido

Internet es una red global que ofrece al panorama turístico una serie de ventajas frente a los sistemas tradicionales de distribución.

a) Direccionabilidad

Una de las principales cualidades de internet es la direccionalidad, esto quiere decir que permite dirigir los mensajes de un emisor o varios emisores a muchos receptores o un único receptor. Por tanto, evita la pasividad que tienen los medios tradicionales a la hora de transmitir su información como mensaje publicitario, esto es debido a que no se puede personalizar, de ahí su nombre de medios masivos.

Las nuevas tecnologías de posicionamientos en los buscadores permiten personalizar los mensajes e incluso segmentar que información le llega al usuario dependiendo de sus historiales de búsqueda.

b) Interactividad

Otras de las características clave de internet a diferencia de los medios tradicionales de publicidad es su interactividad. Como se ha explicado en el anterior punto, podemos segmentar la publicidad dependiendo de la tipología del usuario y su comportamiento en los motores de búsqueda, la información llega y, gracias a las nuevas tecnologías, las empresas usuarias pueden responder a las solicitudes de información e interactuar con su público objetivo.

Estamos ante un cambio de paradigma, se ha pasado de la era de la información en la que el usuario era un sujeto pasivo de la comunicación para convertirse en un agente activo, que entra en contacto con las empresas para solicitar fácilmente información. La empresa tiene mayor control sobre la información que se vierte, a diferencia por ejemplo del teléfono, que es menos reflexivo y más fruto del momento.

c) Flexibilidad

Internet es un medio de marketing mucho más flexible que los medios de comunicación de masas convencionales. Para las agencias de viajes su propia página web es un escaparate de los productos y servicios que ofertan. Por decirlo de alguna forma consiste en su catálogo virtual. Internet les brinda la posibilidad de poder hacer cambios cuando sea preciso, actualizar la información o corregir errores, así como introducir campañas o anuncios con cierta frecuencia a tiempo real. Los medios convencionales presentan, por tanto, la negativa de la lentitud en cuanto a las correcciones o dispensación de la propia información.

d) Accesibilidad

Sin duda, la mayor ventaja de internet para cualquier empresa es la exposición de carácter permanente que tiene. Una página web o portal está 365 días al año y 24 horas al día. La información está ahí para cualquier persona que quiera acceder sea el momento que sea.

Además, aunque la empresa posea una localización española, por ejemplo, internet tiene un alcance mundial y cualquier persona puede entrar esté donde esté, aunque el horario sea diferente.

Esta característica resulta fundamental para las empresas turísticas y los destinos, no solo por la ventaja de exposición sino porque también para ellas es una fuente inagotable de información que pueden utilizar en su día a día de trabajo, y esto se traduce en un incremento de calidad en el servicio.

e) Calidad de servicio

Las nuevas tecnologías, sin duda, han proporcionado un cambio sustancial en los procesos de gestión de clientes. En primer lugar, gracias a internet, en la etapa de la preventa las agencias de viajes pueden mostrar más cantidad de información, y por tanto, el cliente consigue más opciones entre las que elegir. En segundo lugar, gracias a la incorporación de las pasarelas de pago, la compra de productos y servicios puede llegar a ser instantánea.

Estas dos características ayudan a que el proceso de venta sea mucho más eficaz y el cliente pueda obtener su producto donde, cuando y como quiere, lo que solventa el problema fundamental de la logística.

f) Menos costes

El proceso electrónico, al evitar en la mayor parte de los casos papel y gastos de gestión, abarata costos, por ejemplo, en el sistema de reservas, y a su vez el precio final para el cliente también es menor.

La inversión en una página web es relativamente baja respecto a su aprovechamiento a nivel empresarial, sobre todo, en lo referido a los gastos en publicidad y promoción que las agencias pueden hacer de forma gratuita.

3.1. Las agencias virtuales

En los últimos años, el auge de internet ha permitido que las empresas expandan sus servicios a través de la venta *online*. Las agencias de viajes, por su lado, han conseguido vender sus servicios a distancia y no solo eso, sino que existan algunas que funcionen exclusivamente *online*. Esto ha llevado a que la normativa intente regular su funcionamiento; solo pueden vender *online* aquellas agencias debidamente autorizadas y deberán cumplir los requisitos estipulados de forma habitual.

Existen numerosas empresas de este tipo que ofrecen sus servicios exclusivamente *online*. Un ejemplo es Logitravel que es una agencia de viajes *online*.

Fuente: www.logitravel.com

Al igual que las agencias de viajes tradicionales, como se puede observar en el ejemplo anterior, este sitio oferta a los consumidores diferentes tipos de productos: paquetes, circuitos, escapadas, vuelos o alojamiento. El usuario accede a ofertas establecidas o puede configurar la que más le conviene en función de las fechas o del presupuesto.

Por ejemplo, supongamos que hay un cliente potencial de Madrid que desea ir a Riviera Maya el 27 de julio durante siete noches con acompañante. Una vez introducidos estos datos en el buscador que te oferta el programa, lo siguiente que ocurre es que te devuelve la búsqueda en una serie de ofertas con su precio, al que afectarán entre otras cosas: tipo de hotel, régimen de alojamiento, si incluye traslado, etc.

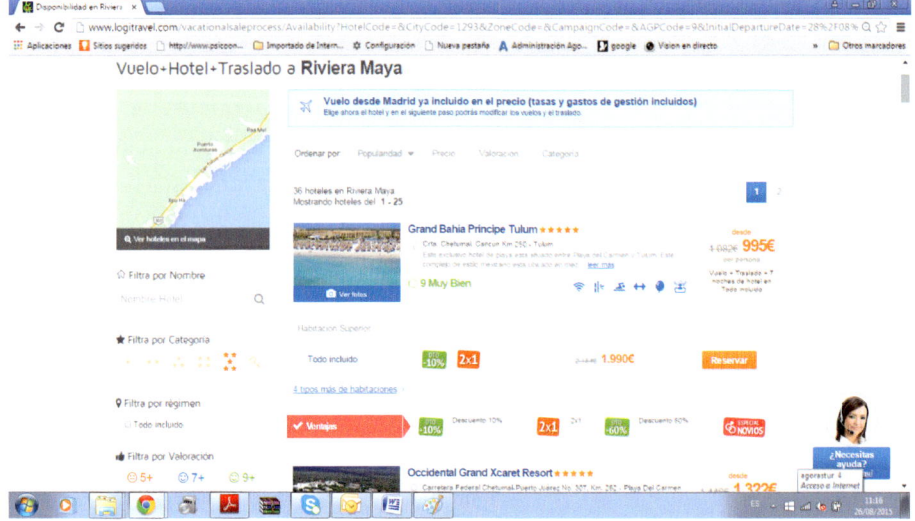

Estas opciones permiten al usuario ir clasificando la información por filtros y de esta forma acercarse un poco más a sus particularidades y lo que desea para su viaje.

El siguiente paso, una vez que el usuario se ha decidido, sería proceder a efectuar la reserva en firme. Pongamos que el cliente ficticio selecciona la primera opción.

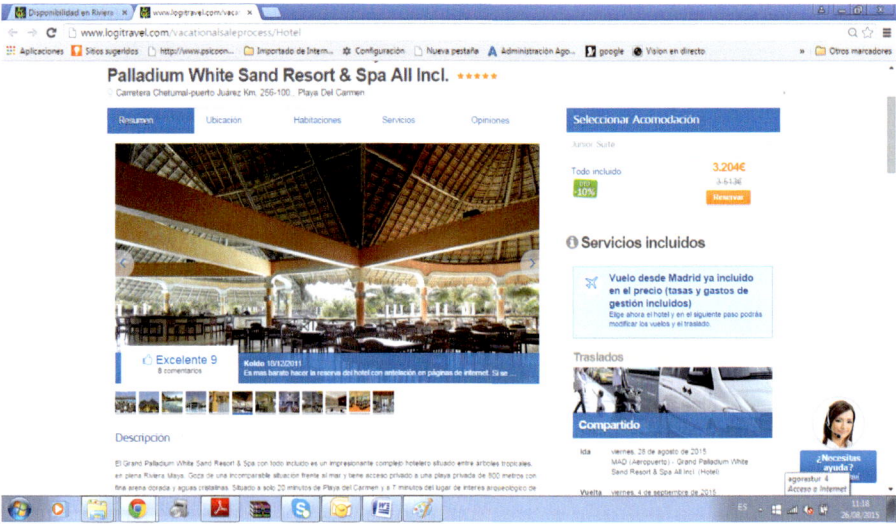

Como podemos observar, aparecen ya los datos de la reserva, incluyendo las características del hotel, régimen y vuelos. Antes de la confirmación final, aparece el precio sin desglosar.

Una vez que nuestro cliente decide confirmar la reserva, el propio programa le indica que tiene que incluir sus datos personales y de pago para garantizar y sellar el acuerdo. Es común que en la página de pago final se muestren otras opciones propias del contrato: si el cliente quiere contratar un seguro, las políticas de cancelación de viaje de la agencia.

El proceso, por tanto, es similar al trato con un agente, solo que esta vez el cliente tendrá que confiar en sus criterios de selección y no podrá hacer más preguntas que la propia información que aparece en la página web. Es cierto que el proceso de reserva se vuelve más ágil y más simple.

Por otro lado, además de los portales de agencias virtuales nos podemos encontrar portales de reservas *online* que están especializados en un sector en concreto. Es el caso de Booking, un portal de reservas de alojamientos, considerado el mayor portal a nivel europeo, funciona a nivel mundial y en varios idiomas.

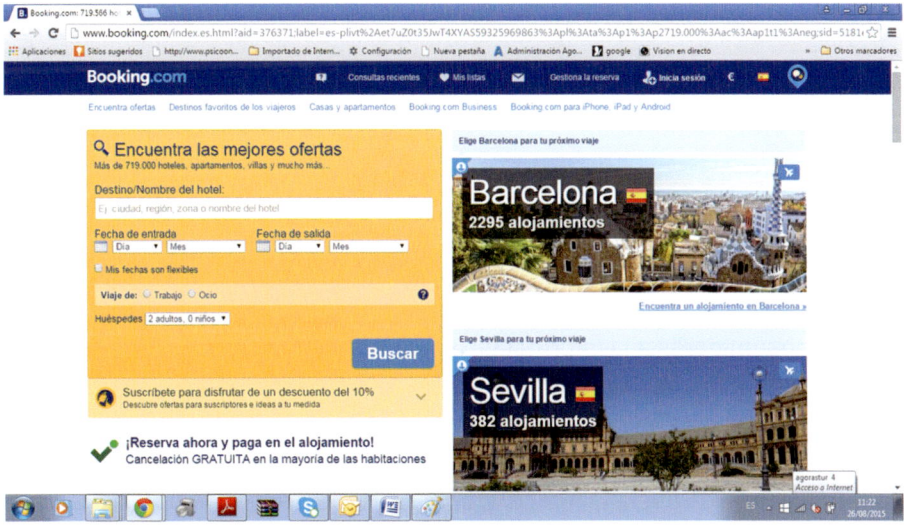

Fuente: www.booking.com

Al igual que el anterior sitio, Booking funciona a partir de un buscador en el que los clientes potenciales buscan alojamiento seleccionando las fechas de estancia, el número de personas y el lugar. A partir de ahí, el propio buscador devuelve una serie de opciones para elegir y confirmar la reserva. Incluye las posibilidades de filtrar opciones, como por ejemplo: si dispone de aparcamiento, piscina, permite la estancia de animales, etc.

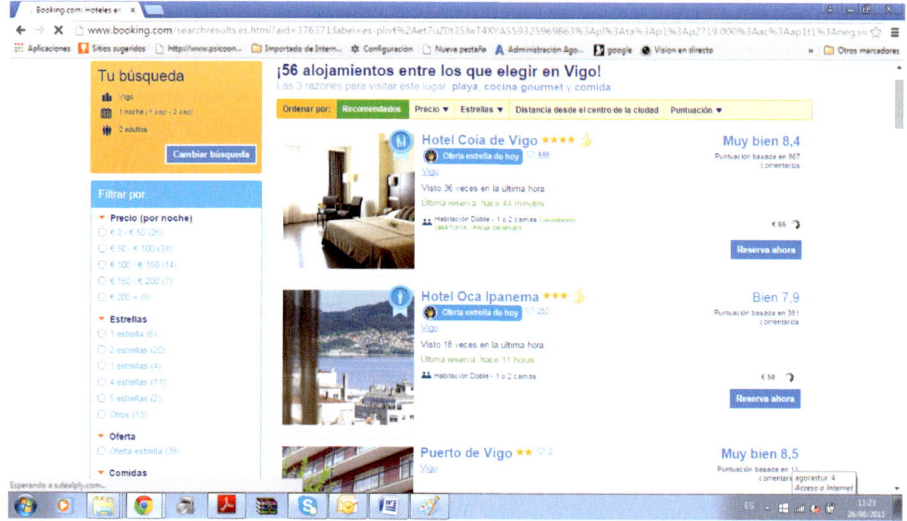

Fuente: www.booking.com

Los proveedores de servicios turísticos ven en este tipo de webs la posibilidad de generar presencia *online* y hacer publicidad de su negocio, para los usuarios es una forma de no depender de las agencias de viajes y simplificar los métodos de reservas. Cabe señalar que casi todas las reservas *online* que se realizan disponen de un localizador que se le entrega al usuario para así identificar su venta.

3.2. Páginas web y portales turísticos

La principal carta de presentación de una empresa hoy en día es internet y más su sitio web oficial. Hoy en día las nuevas tecnologías facilitan el acceso de los consumidores a la información sobre cualquier producto o servicio que quieran comprar y cada vez son más las entidades que intentan lograr que su página web tenga una presencia lo más atractiva posible. Las investigaciones demuestran que una navegación satisfactoria en una web genera sentimientos positivos hacia la marca y, por tanto, siempre desemboca en intención de compra.

En primer lugar vamos a diferenciar los siguientes conceptos, que en ocasiones se llaman igual pero no son lo mismo:

Una página web tradicionalmente hace relación a un documento con información de consulta, en el caso de las empresas, información sobre estas y los productos o servicios que comercializa. En principio, no se espera interacción con el usuario más allá que solicitudes de información a través de la página de contacto. El resultado que se espera de las webs es que el usuario encuentre la información que estaba buscando.

Un portal web también es una página web o un conjunto de páginas web, pero orientado a lograr la participación del usuario final. La idea es que, aparte de aportar toda esa información que se menciona en la web, el usuario pueda tramitar productos o servicios y participar de forma activa en su gestión. Por tanto, podemos decir que es algo más que una página web, no solo da información sino también la recopila para futuros estudios o campañas que pretenda ejercer una empresa. Es una aplicación que ayuda a aprovechar los recursos de una entidad y dar, por otro lado, mayor cobertura a la empresa, en ocasiones, sin necesidad de inversiones físicas.

Una vez visto esto, somos conscientes de que para el sector turístico ambos conceptos representan diferentes fuentes de aprovechamiento que vamos a repasar:

a) Las páginas web turísticas

En primer lugar, las páginas web como sitios de presentación de las agencias turísticas. Tal y como se ha comentado en el punto anterior, las páginas web tienen una función principal para el usuario, que es la información. Hay tres grupos de webs dentro del sector turístico a los que hay que hacer mención:

PÁGINAS WEB DE AGENCIAS DE VIAJES

Al igual que cualquier otra empresa necesita presencia en internet y para ello se recurre a la creación de un sitio web. La tecnología de los sitios ha avanzado mucho y ya no son webs estáticas sino que permiten verdadera interacción con los usuarios. La estructura general de una web de agencia de viajes consiste en los siguientes apartados:

– Inicio: en este apartado se suele explicar un poco la historia de la empresa, por quién está constituida, su misión, visión y valores corporativos. La idea es que el cliente pueda empatizar con la empresa en ausencia de relación directa.

– Servicios: aquí aparecen recogidos los diferentes servicios que gestiona una agencia de viajes: viajes combinados, circuitos, alquiler de coches, etc. Cada vez son más las agencias que incluyen catálogos *online* o en formato descarga.

– Localización y contacto: responde a donde se encuentran las oficinas, el teléfono de contacto y en ocasiones un formulario vía *mail* para que el cliente pueda solicitar información sobre un servicio concreto.

Fuente: http://www.viajessolius.com/

El resto de servicios turísticos que son inherentes a un viaje también incluyen página web. Podemos encontrarnos:

— Webs de alojamientos: los alojamientos utilizan sus portales web como álbum para mostrar sus instalaciones y que el cliente se pueda decidir por reservar ahí. Estas webs son eminentemente prácticas y con datos muy concretos: tipos de habitaciones, servicios, tarifas de ocupación y qué actividades o localizaciones tienes alrededor. Cada vez es más común que en las propias webs se incluya la posibilidad de reservar y pagar a través del *site*.

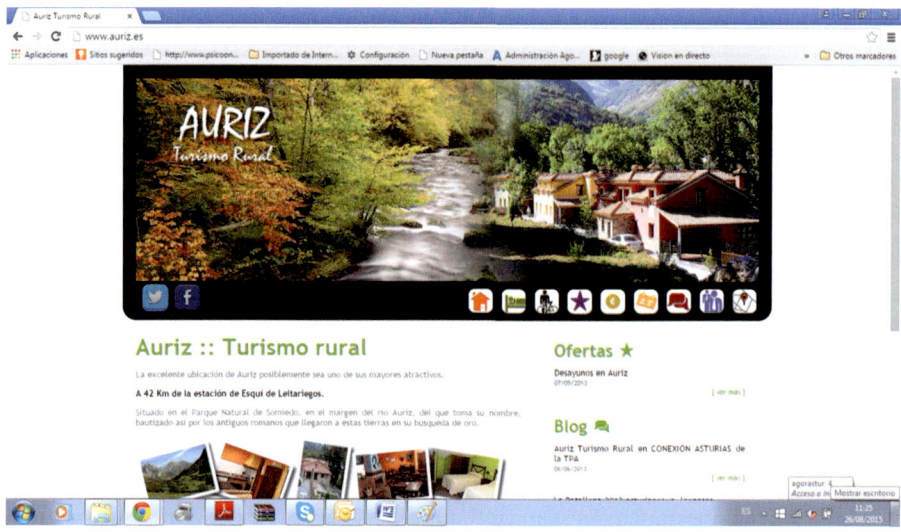

Fuente: www.auriz.es

- Webs de restauración: el servicio de comidas y cenas está ligado íntimamente al turismo desde sus inicios. La oferta gastronómica en ocasiones se vuelve motivo de peregrinaje para los turistas que quieren degustar productos concretos de una zona. Por ejemplo, el turismo vinícola en La Rioja. Por tanto, las empresas de restauración utilizan las webs para mostrar su localización y la carta, así como muchas de ellas también permiten ya reservas. Es común que este tipo de webs estén ligadas a redes sociales o portales de opiniones de viajeros, como por ejemplo Mi Nube o Tripadvisor.

- Webs de servicios complementarios: existen numerosas webs destinadas a servicios complementarios que pueden ofrecer los diferentes destinos: alquiler de equipos de deportes, balnearios, piscinas, etc. Estas empresas, al igual que el resto, disponen de página web para que los usuarios que busquen información sobre qué se puede hacer en cualquier sitio.

PÁGINAS WEB DE DESTINOS

La carta de presentación de un destino turístico es su web oficial. En los tiempos que corren, con el auge de las nuevas tecnologías, cada vez son más los destinos turísticos que organizan sus viajes de forma personal y buscan información a través de internet.

Por tanto, si se desea que la experiencia de navegación para el turista potencial sea efectiva y se genere atracción hacia la marca, que es el destino, la web debe contar con unos elementos en consonancia y armonía.

Arquitectura

La infraestructura de la web es importante. Esto hace referencia a la usabilidad y accesibilidad para los usuarios. La experiencia de navegación debe ser simple e intuitiva, por ello, no es recomendable hacer webs demasiado complicadas con amplios menús y subpáginas, ya que, si cuesta llegar a la información que se busca, es bastante probable que el usuario la abandone.

Otro de los aspectos relevantes es el posicionamiento web de la página, con esto nos referimos a la optimización en los motores de búsqueda. Este proceso ayuda a mejorar la visibilidad de la web en los buscadores, como por ejemplo en Google. Mediante esto, la página es accesible si el consumidor potencial busca palabras clave. Imaginemos un usuario ficticio que desea buscar planes para el verano en Asturias, en el momento en que introduce en Google las palabras clave: «turismo», «sol» y «Asturias» el buscador le devuelve una serie de páginas web que incluyen esas palabras clave, la primera de ellas, como se puede ver en el ejemplo a continuación, es la página de Turismo Asturias.

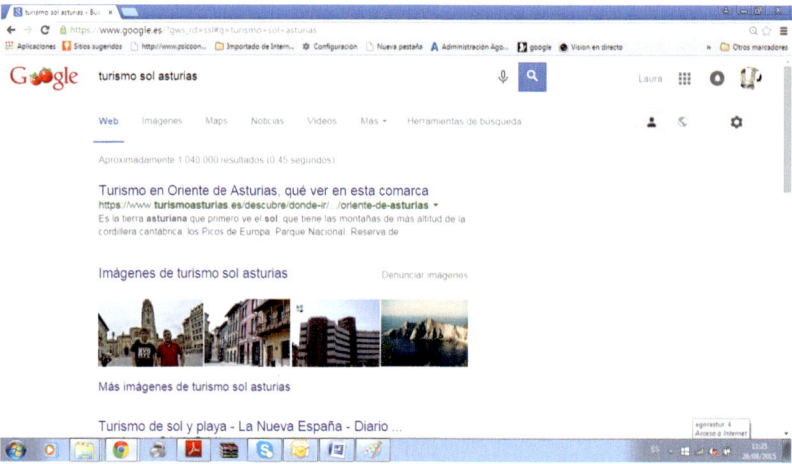

Contenidos

Otro aspecto que se puede trabajar dentro de las webs de destinos turísticos es el contenido. Cada vez son más los lugares que intentan hacer de su lugar una marca, algo más que un sitio donde ir de vacaciones. Es importante que los contenidos estén redactados de forma atractiva y clara. Se tienen en cuenta otras valoraciones extra, como por ejemplo que la web esté disponible en varios idiomas. Las imágenes juegan un papel fundamental, ya que su calidad y formato sirven como entrada virtual al destino.

Siguiendo con el ejemplo expuesto en el punto anterior, a continuación se muestra la web de Turismo Asturias:

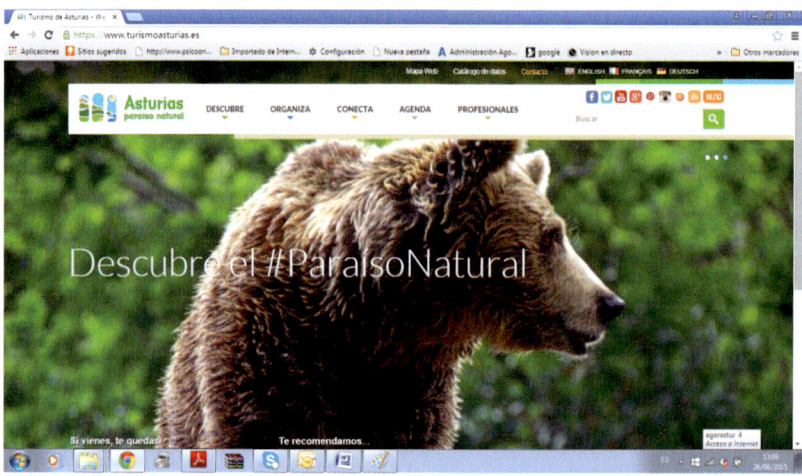

b) Los portales turísticos

Para desarrollar a este punto, sería conveniente hablar del fenómeno de los *infomediarios.* Con esta terminología, nos referimos a un tipo de portal que sirve de intermediario entre los proveedores de servicios turísticos y los clientes potenciales, de esta forma lo que hace es recolectar datos y organizarlos en un buscador para los consumidores. Este fenómeno es conocido como metabuscador, el sistema de selección de datos que proporciona es complejo, ayudando a los visitantes del portal a incluir filtros y segmentar la búsqueda. De esta forma el turista potencial consigue adecuar la búsqueda de información a sus gustos y necesidades. Un ejemplo claro de este tipo de portales es la página de Trivago.

Trivago es un comparador a tiempo real de precios de hoteles, se nutre de buscar precios de alojamientos anunciados a través de diferentes proveedores para que los usuarios consigan la mejor oferta. Además del buscador, los usuarios se pueden encontrar con opiniones de viajeros y, por tanto, puntuación.

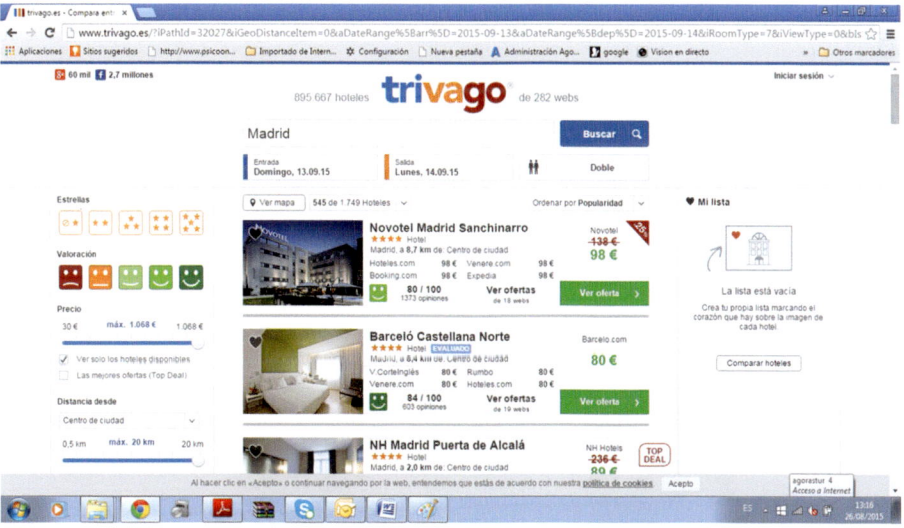

Fuente: www.trivago.com

Por otro lado, como ya se mencionó en los puntos anteriores existen portales a medio camino entre red social y portal turístico, donde los viajeros exponen sus opiniones sobre una experiencia turística. El caso más popular hoy en día es Tripadvisor:

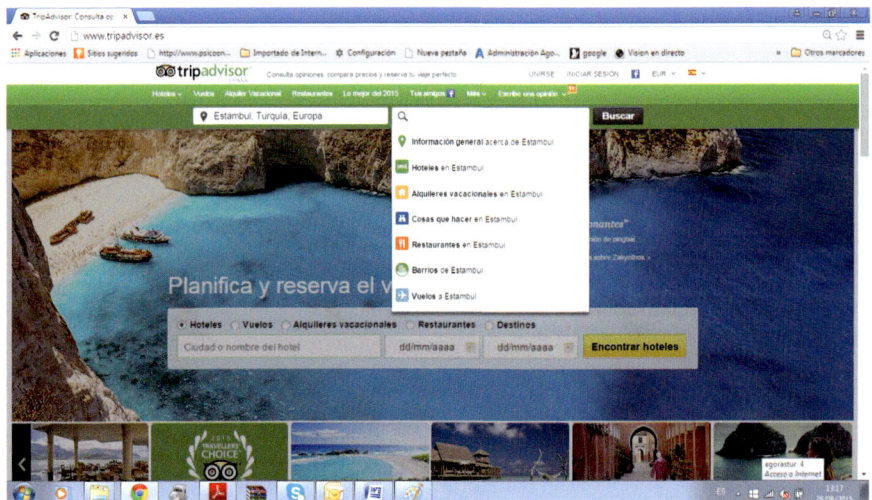

Fuente: www.tripadvisor.com

Como se puede apreciar en el ejemplo, Tripadvisor dispone de un buscador dividido en dos áreas, la primera de ellas solicita al usuario introducir el lugar al que se dispone a viajar; la segunda es un desplegable que permite elegir entre hoteles, restaurantes, actividades, etc. Es interesante puntualizar que también te permite indicar una búsqueda general del destino. Siguiendo con el ejemplo anterior, vamos a introducir buscar, en general, sobre Estambul.

Fuente: www.tripadvisor.com

El portal devuelve segmentado en: alojamiento, vuelos, restaurantes, guías de viaje y un foro. De esta forma los viajeros pueden conocer las mejores puntuaciones hechas por otras personas que han visitado el lugar.

¿En qué beneficia esto a las empresas de turismo? Como escaparate publicitario de sus productos o servicios. Pueden acceder con un perfil propio de empresa previo pago de una cuota y personalizar un perfil.

El viajero, cuando entra en cada uno de estos perfiles, por ejemplo, un restaurante encuentra los siguientes datos:

- Nombre del negocio.

- Ubicación.

- Posición en el ranking de negocios de esa tipología de la zona.

- Opiniones de los viajeros.

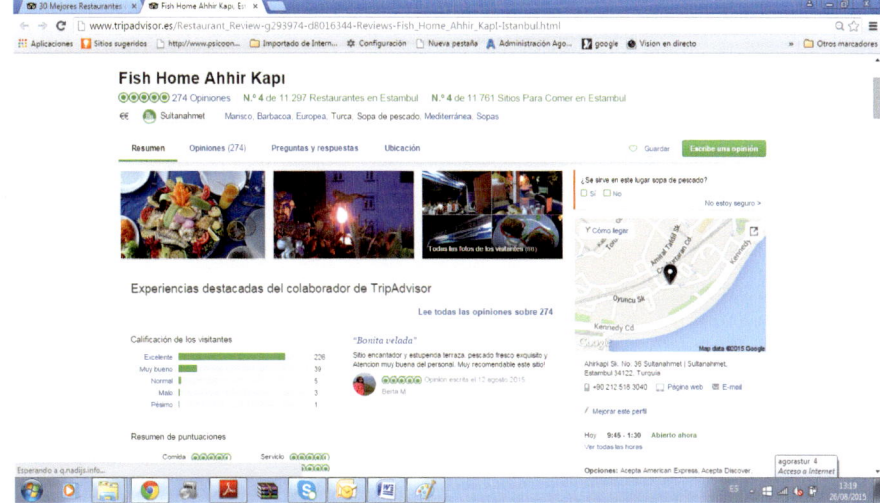

Fuente: www.tripadvisor.com

4. Programas de ventas o *front office*

Un *front office* es un programa informático para gestionar toda la operativa diaria de la agencia de viajes. Suelen ser muy intuitivos y no se necesitan unos requisitos de conocimiento informático avanzados. Puede utilizarlos cualquier perfil de la agencia: comerciales, directores, agentes, etc. De esta forma se consigue, por un lado, unificar criterios de trabajo y, por otro, reducir costes económicos y de tiempo. Existen numerosos programas y cada vez hay más empresas que están desarrollando sus propias plataformas de gestión.

¿Cuáles son las características principales de un *front office*?

- Intranet personalizada para la agencia, de cara a generar una oficina sin papeles.
- Permite la gestión de clientes y proveedores: expedientes, reservas, etc.
- Acceso a webs de proveedores.
- Análisis de compras por producto (avión, crucero, hotel, etc.).
- Adjudicación de reservas *online* al expediente del cliente.
- Generación, modificación y emisión de documentos personalizados con la imagen corporativa de la agencia: facturas, bonos, contratos, prepagos.
- Crea informes y estadísticas de la actividad.
- Exportación de documentos a otros formatos, como por ejemplo, hojas de cálculo o Word.
- Base de datos y un histórico de operaciones anteriores.
- Facturación e IVA tanto general como especial de las agencias.
- Gestión de la caja de la agencia (sincronización con TPV si es el caso).
- Envío de *mailings* y mensajería instantánea.
- Seguimiento y posventa.

Para ver los diferentes procesos que se pueden utilizar vamos a usar el programa Front Office de Beroni. Las funciones suelen ser parecidas en todos, no obstante, se suele formar al personal para su uso en la oficina. Vamos a repasar algunas de las funciones más comunes a través de sus pantallas.

La pestaña de reservas

Este apartado cumple una doble función: por un lado, el agente introducirá los datos del cliente que quiere hacer una reserva y, por otro lado, la factura queda generada para el momento en que haya que hacerle entrega de la documentación. Como podemos ver en el siguiente ejemplo, se introducen los datos que hemos visto anteriormente: número de reserva, datos del cliente y del agente que le atiende y las modalidades de pago.

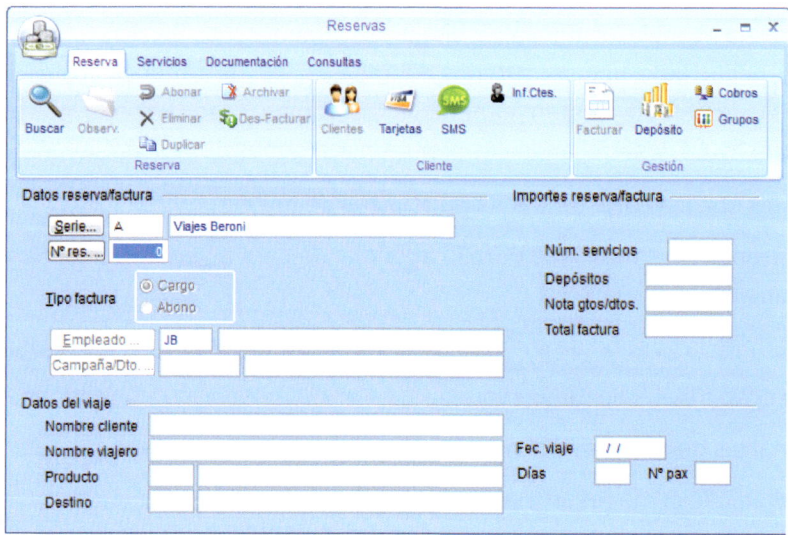

Fuente: www.beroni.com

Incluye la posibilidad de llevar un control de los consumos de cada billete/bono para poder enviar cada cierto tiempo una relación de los detalles de consumos realizados por los clientes (por cada servicio) y siempre de reservas ya facturadas. Además, incluye la posibilidad de cumplimentar, de forma automática descripciones que los agentes utilizan para los documentos comunes: facturas, reservas o bonos, y estos, a su vez, se asignan al expediente correspondiente. Por tanto, estamos ante un sistema relacionado entre sí.

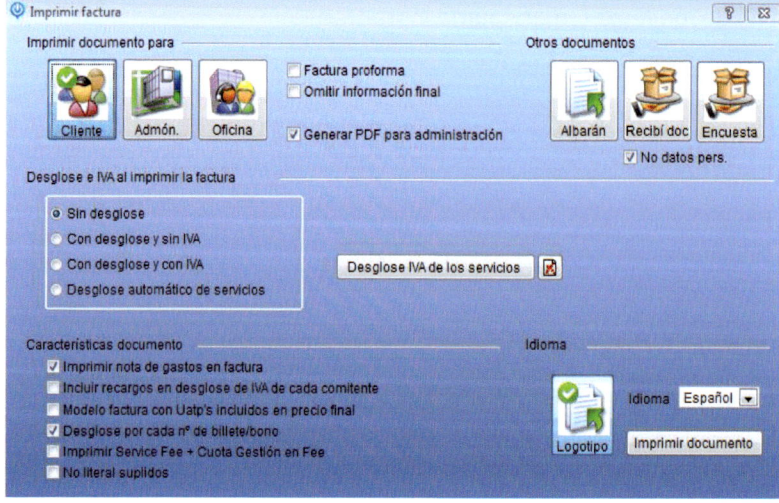

Fuente: www.beroni.com

Por supuesto, la documentación generada no tiene que ser exclusivamente para un cliente sino que permite la creación de ficheros para más de un viajero (en grupo) sin necesidad de duplicar los datos o hacer diferentes informes.

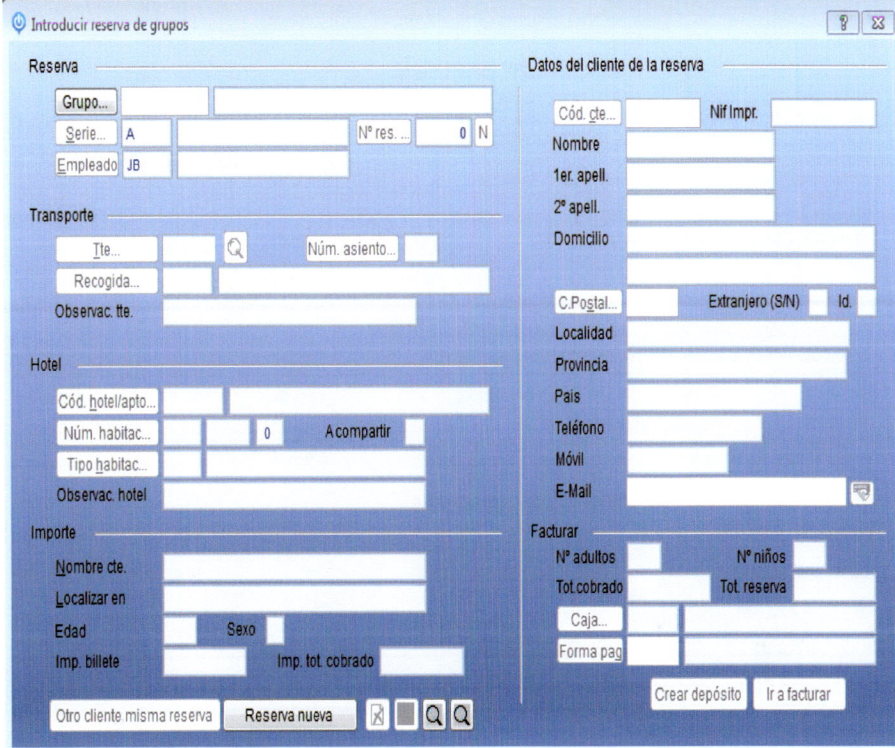

Por otro lado, nos encontramos una parte más financiera. Dentro las funciones de este tipo de programas se ha incluido el control de caja. Suelen permitir una sincronización con TPV y permite a la agencia conocer su estado financiero al día, así como extrapolar informes de la caja diarios incluyendo los movimientos.

HOJA DE CAJA DE CAJA -A-
DESDE 31/12/2012 (13:35)   HASTA 09/01/2013 (18:22)

FECHA	HORA	DOCUMENTO	DESCRIPCIÓN		IMPORTE ENTRADAS	IMPORTE SALIDAS	CRÉDITO	EMP	F.PAG
			DEPÓSITOS DE GARANTÍA / RESERVA						
09/01/2002	16:54	A 2752	VIAJES BERONI		120.20			JB	C
			TOTAL :		120,20				
			FACTURAS / PARTES DE VENTA						
02/01/2002	19:34	A 30463	MARC LOPEZ PRATS		12.33			JB	C
03/01/2002	19:22	A 100919	JOSE PRATS RIBA	N S				JB	C
03/01/2002	19:28	A 100920	DOMINGO SALA FERNANDEZ	N S				JB	C
03/01/2002	19:36	A 30464	CLAUDIA LOPEZ SEGURA				60.10	JB	R
07/01/2002	11:30	A 30465	PILAR FUERTES LOPEZ		132.22			JB	C
07/01/2002	19:19	A 30466	SOLEDAD NIETO GOMEZ		60.10			JB	C
07/01/2002	19:21	A 100921	ADRIAN DOMINGO AGOSTO	N S				JB	C
09/01/2002	17:15	A 30467	VIAJES BERONI		379.53			JB	C
			TOTAL :		584.18		60.10		
			COBRO DE FACTURAS A CRÉDITO						
07/01/2002	13:53	A 30290	FRANCISCO MORENO JIMENEZ		60.10			JB	C
09/01/2002	17:53	A 30315	PACO GARCIA CEBADO		66.11			JB	C
09/01/2002	17:54	A 30338	CARLOS ARIAS BELMONTE		1.391.34			JB	C
09/01/2002	17:55	R 204	VIAJES BERONI		131.06			JB	C
			TOTAL :		1.648.61				
			MOVIMIENTOS FINANCIEROS						
03/01/2002	18:29	569				132,53		JB	
			Destino : BANCO POPULAR						
04/01/2002	17:06	236				2,30		JB	
			Destino : BANCO POPULAR						
			TOTAL :			134,83			
			NOTAS DE GASTOS COMERCIALES						
09/01/2002	17:15	A 663	VIAJES BERONI			15,03		JB	C
			TOTAL :			15,03			

SALDO ANTERIOR   120,20
TOTAL ENTRADAS .... : 2.352,99
TOTAL SALIDAS .... :   149,86
TOTAL CRÉDITO .... :   60.10
SALDO EN CAJA ...... : 2.323,33

Fuente: www.beroni.com

5. Gestión de expedientes de servicios, hojas de cotización, fichas de clientes, bonos, etc.

La emisión de documentos es la actividad principal de las agencias de viajes. Continuamente están saliendo documentos de todo tipo de cara a clientes o proveedores. Es importante que el agente lleve un control exhaustivo de todos aquellos con los que va a trabajar. A continuación se repasan algunos de los más importantes.

a) Documentos de transporte aéreo

Hasta hace no mucho el agente debía rellenar a mano las diferentes casillas de un *billete de avión manual* en papel de copia. De esta forma en cada parte del vuelo, las casillas aparecían sombreadas según las ciudades de entrada o salida. Obviamente este proceso era muy lento y costoso, además, de que las posibilidades de error eran elevadas.

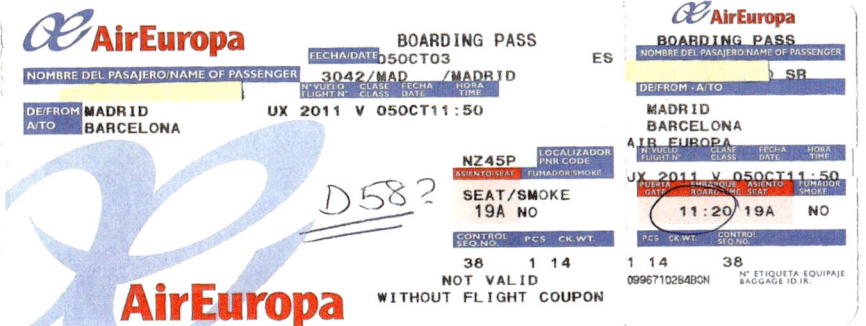

Fuente: http://www.lufthansa.com/

El *billete automatizado ATB* es el que más se utiliza en la actualidad, mantiene el mismo formato que el anterior pero está fabricado en cartón e incorpora una banda magnética para su lectura, aun así, sus gastos de emisión tanto para proveedores como para agencias harán que pronto sea sustituido por el modelo actual, que es el *billete electrónico*.

A continuación, se muestra un modelo de esta tarjeta de embarque:

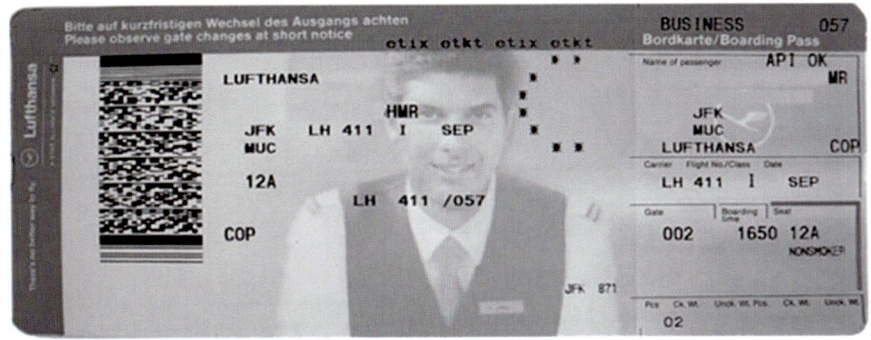

Fuente: http://es.gizmodo.com/las-tarjetas-de-embarque-

La nueva modalidad de billetes se ha instaurado ahora en el mercado dado que el consumidor estaba acostumbrado a viajar con documentos físicos y causa algo de desconfianza y nerviosismo viajar sin nada. El funcionamiento del billete electrónico es muy simple: una vez se efectúa la reserva, el cliente recibe un localizador y ya no es necesario la emisión de ese billete, ya que el viajero con su documento nacional de identidad y este número de localizador puede acudir al mostrador a realizar el *check-in* y las operaciones necesarias porque su identidad se verifica en el momento.

Fuente: www.iberia.com

b) Documentos de transporte ferroviario y marítimo

Los billetes de ferrocarril son también automatizados ATB. Impresos en formato de cartulina, se diferencian de los aéreos en que no son nominativos. Solo presentan los datos relativos al propio viaje. Existe, también, el formato de billete electrónico, que agiliza las transacciones y el viajero puede subir directamente al tren.

Fuente: www.economiza.com

Por otro lado, los billetes de transporte marítimo, al igual que ocurre con los transportes aéreos, son nominativos e intransferibles, el pasajero debe recibir previamente la tarjeta de embarque y el justificante de facturación de su cquipaje.

c) Los bonos de agencia

También conocido como *voucher*, son documentos que puede emitir una agencia ya sea mayorista o minorista. Su función es entregar un comprobante al cliente para que pueda presentarlo a los diferentes proveedores que se han contratado para su viaje. Por tanto, sirve como aval de que el cliente ha pagado ese producto en la propia agencia. No existe un formato predefinido ya que pueden ser de muchos tipos, dependiendo de la agencia y del servicio que sea el bono. No están sujetos a las normas IATA como otros documentos vistos anteriormente.

Las agencias mayoristas que trabajan con las agencias entregan a estas un *stock* de bonos para que los agentes rellenen en función de los servicios y fechas de contratación. En los bonos tradicionales existían varias copias, pues cada una de las copias tiene un destino diferente:

— Copia para la agencia: funciona como documento de control para archivar en el expediente del cliente.

— Copia para el proveedor del servicio: si se trata de transporte, una copia está destinada a la terminal del aeropuerto, estación o puerto. En los hoteles es el mismo proceso.

— Copia para el cliente a modo de resguardo y justificante de los servicios y productos contratados.

Antiguamente estos se rellenaban a mano, inutilizando las casillas de los productos que el turista no iba a consumir, escribiendo VOID (nulo). Actualmente, gracias a la informática, se puede imprimir el bono directamente desde la web del propio mayorista. De una forma o de otra, el contenido de los bonos debe ser el siguiente:

— Número del cupón.

— Datos de identificación y sello de la agencia emisora.

— Datos del agente que emite el bono.

— Datos del proveedor del producto o servicio.

— Localizador y fecha de emisión.

- Fechas de disfrute del producto. Por ejemplo, tratándose de un vuelo las de ida y vuelta; en un hotel, las de entrada y salida.

- Datos del cliente.

- Observaciones/valoraciones. Por ejemplo: viaje de novios, visados, seguros, etc.

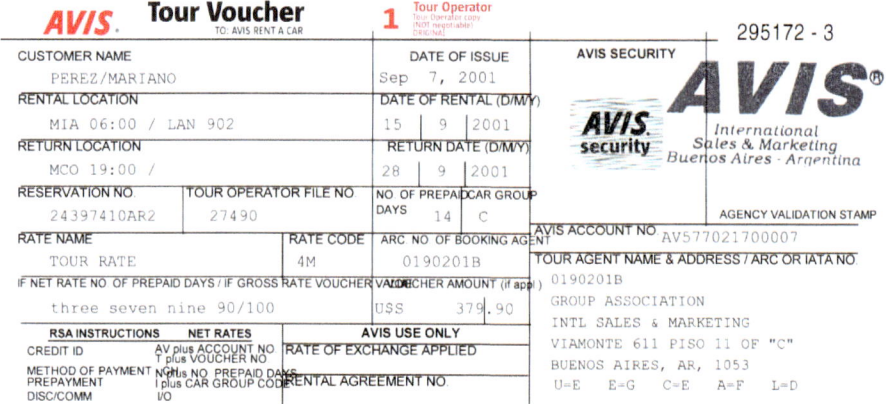

Existe una serie de normas para la emisión de los bonos que los agentes deben tener en cuenta. En primer lugar, el agente debe tener en cuenta el país de presentación del bono, pues deberá redactarse en el idioma pertinente o en su defecto en inglés. Por otro lado, todos los cupones deben aparecer sellados por la agencia emisora, incluso las copias del cliente. Antes de su entrega, se debe verificar que todos los datos relativos al cliente y el producto son correctos, así como, el localizador debe aparecer en un lugar visible de rápido acceso. No se debe olvidar que hay que emitir un bono por cada servicio y proveedor.

Tipos de bonos:

- Servicios: es aquel tipo de bono que cubre los servicios específicamente indicados en él.

- *Full Credit*: este tipo de bono cubre todos los servicios que un cliente demande. Es algo similar a un cheque en blanco. El cliente debe firmar cada uno de los servicios que consume como prueba de aceptación. Este tipo de bonos sería muy útil para viajes de empresa, en los que no se sabe que van a consumir.

- Depósito: es aquel que cubre una cantidad de servicios que puede ser superior o menor a lo pactado. En cualquiera de los casos, si el cliente consume menos servicios de los contratados la agencia debe devolverle la diferencia; si por el contrario se excede, debe pagar lo que falta.

– Presentación: es también conocido como el bono de reserva. Sirve para informar a los diferentes proveedores de que el cliente hará efectivo el pago *in situ* en vez de a través de la agencia.

d) Los expedientes de servicios

Es el documento interno más importante en la agencia, ya que es el archivo del cliente. Se rellena una vez que se solicita una reserva. Son archivos numerados que contienen toda la información relativa a un servicio prestado por parte de la agencia. Su forma más común es la de sobre o carpeta A4. La apertura de expediente de un cliente suele conllevar el cobro de un depósito de venta por parte del cliente, normalmente de un 25 % de la venta realizada.

Mediante su uso, las agencias ahorran tiempo para liquidar todas las acciones pertinentes con los proveedores y tienen acceso a la información en el momento en que la precisan. Es una forma de control archivada por número de referencia.

Características del documento y normas para su cumplimentación:

– Identificación del cliente.

– Detalles de la reserva.

– Valoración del servicio.

– Fecha y forma de los pagos y/o cobros.

Recorrido del expediente:

– Cliente contacta con agencia de viajes para confirmar reserva.

– Apertura de expediente y cobro de depósito.

– Entrega de documentación al cliente una vez finalizados los pagos.

– Abonos a proveedores.

– Seguimiento posventa y archivo del expediente.

e) Hojas de cotización de viajes

Son documentos presupuestarios. Suelen utilizarse con grupos. Suelen ser plantillas de hojas de cálculo como Excel, en las que se van registrando todos los productos sueltos que van adquiriendo para llegar al presupuesto final. Tiene una doble función, pues no solo sirve para el cliente sino también para los registros de la agencia. Actualmente la mayor parte de programas informáticos utilizados por las agencias lo incorporan en sus utilidades.

f) Las fichas de clientes

Son otro tipo de documentos en las agencias de viajes. Suelen existir dos modelos, el primero destinado a clientes particulares, y el otro, para empresas o corporaciones.

Dentro del primer tipo, solemos encontrar los datos de un cliente que ha efectuado reservas con anterioridad o de su expediente. Puede servir a la agencia para futuras campañas de ventas por lo que es necesario que esté lo más completo posible. Además, también es un buen instrumento para conseguir una atención más personalizada en sus servicios y, por tanto, fidelizarlo.

Los datos que suelen aparecer en las fichas de clientes particulares son:

- Datos identificativos del cliente: nombre, apellidos, dirección, teléfono, DNI, fecha de nacimiento, estado civil y nacionalidad.

- Datos profesionales: categoría y puesto de trabajo.

- Datos de viajes: viajes realizados anteriormente, presupuestos anteriores, motivos de viajes.

- Observaciones: aquí se incluyen datos interesantes respecto a sus costumbres turísticas. Por ejemplo, podemos indicar que siempre se suele alojar en hoteles céntricos y de cinco estrellas.

Por otro lado, en las fichas de empresa se suelen recoger datos más genéricos, como por ejemplo:

- Datos identificativos: razón social, domicilio, teléfono, CIF o NIF, actividad a la que se dedica.

- Datos contables: facturación, formas de pago.

- Datos de viajes: normativa de la empresa relativa a viajes, preferencias.

- Persona de contacto: suele ser el encargado de las gestiones relativas al encargo de viajes.

g) Documentos contables

Los impresos utilizados para contabilizar la actividad de las agencias son similares a los que pueden existir en otras empresas. Fundamentalmente nos encontramos:

- Facturas. Son un tipo de documento administrativo con una estructura estándar. En ellas aparece el logotipo y datos de la empresa. A lo largo del documento encontramos precios desglosados con los impuestos pertinentes incluidos.

- Albaranes. Son documentos de carácter mercantil que justifican la recepción o disfrute de un servicio concreto. Suelen utilizarse con aquellas empresas que piden una facturación cada cierto tiempo.

- Recibos de cobros en efectivo. Suelen incluir tres copias, una de ellas se la queda el cliente, la otra se archiva en caja y la restante se adjunta al expediente del cliente.

- Recibos cambio de divisas. Este documento es relativo a aquellas agencias que efectúan los cambios de divisas.

- Libro de caja: es un libro donde se registran todas las operaciones al contado que realiza la agencia, entendiendo como tales aquellas donde interviene dinero en efectivo y/o cheques bancarios. El debe ocupa la parte izquierda del libro y el haber el derecho. En la parte superior se anotan el mes y el año al que corresponde el ejercicio.

h) Documentos de control

Hay que tener en cuenta que en una agencia de viajes se generan multitud de documentos tanto internos como externos, por eso, es necesario que exista un registro para poder recuperarlos con facilidad.

Los documentos de control más comunes que nos podemos encontrar son:

- Registros de expedientes de clientes.

- Registros de existencias de billetaje.

- Registros de facturación y caja.

EJERCICIOS DE AUTOEVALUACIÓN

1. Los viajes combinados
    A) Los viajes combinados son un conjunto de servicios turísticos, deben incluir como mínimo alojamiento o transporte, más un servicio no accesorio a los anteriores, por tanto, debe ser superior a 24 horas.

    B) Los viajes combinados son un conjunto de servicios turísticos, deben incluir como máximo alojamiento o transporte.

    C) Los viajes combinados son un conjunto de servicios turísticos, deben incluir como mínimo alojamiento o transporte, más un servicio no accesorio a los anteriores, por tanto, debe ser superior a 48 horas.

    D) Los viajes combinados son un conjunto de servicios turísticos, deben incluir como mínimo alojamiento o transporte, sin servicios accesorios a los anteriores, por tanto, deben ser superior a 24 horas.

2. Son empresas facilitadoras de la comercialización turística. Están especializadas en hacer las reservas de todos los asociados a cada central; para ello, cuentan con una base de datos central que contiene la situación de plazas en tiempo real de todos los asociados. No pueden organizar viajes combinados ni pueden recibir compensaciones económicas por parte de los clientes finales. Hablamos de…
    A) Agencias de viajes.

    B) Alojamientos turísticos.

    C) Centrales de reservas.

    D) GDS.

3. Son un tipo de vuelos fletados para momentos especiales en los que se supone que habrá una demanda elevada:
    A) Líneas regulares.

    B) Líneas chárter.

    C) Líneas especiales.

    D) Líneas irregulares.

4. American Airlines en alianza con IBM fue la pionera en cambiar la gestión manual de documentación en el mundo del turismo introduciendo este GDS. Se instaló por primera vez en 1976 en una agencia de viajes y en los años ochenta ya estaba instalado en más de 1000. Inicialmente fue creado en exclusiva para American Airlines. Hablamos de…

A) Wordspan.

B) Orbis.

C) Sabre.

D) Amadeus.

5. Un_____es un registro único para realizar transacciones que contiene información sobre la reserva que realiza un cliente o conjunto de clientes.

A) PNR.

B) *Reservation Code*.

C) Expediente.

D) Código IATA.

6. A la hora de realizar una reserva, el agente de viajes se encuentra con la siguiente clave «UX»; este acrónimo se refiere a…

A) Es el código IATA para la identificación de una aerolínea.

B) Es el código inicial de apertura de expediente de un cliente.

C) Es el código que indica que el régimen de alojamiento es «todo incluido».

D) Es el código para identificar la agencia de viajes.

7. Son documentos presupuestarios. Suelen utilizarse con grupos. Suelen ser plantillas de hojas de cálculo como Excel, en las que se van registrando todos los productos sueltos que van adquiriendo para llegar al presupuesto final:

A) Hojas de control.

B) Hojas de reserva.

C) Hojas de cotización.

D) Hojas de dispersión.

8. Este tipo de bono cubre todos los servicios que un cliente demande. Es algo similar a un cheque en blanco. El cliente debe firmar cada uno de los servicios que consume como prueba de aceptación. Este tipo de bonos sería muy útil para viajes de empresa, en los que no se sabe que van a consumir.

   A) Servicios.

   B) *Full Credit.*

   C) Depósito.

   D) Presentación.

9. Con esta terminología nos referimos a un tipo de portal que sirve de intermediario entre los proveedores de servicios turísticos y los clientes potenciales; de esta forma, lo que hace es recolectar datos y organizarlos en un buscador para los consumidores.

   A) Infomediarios.

   B) Intermediarios.

   C) Proveedores.

   D) Metaproveedores.

10. Dentro del apartado de distribución turística a través de internet, nos encontramos una serie de características. ¿A cuál nos estamos refiriendo si mencionamos el carácter permanente de la exposición de productos y servicios?

    A) Direccionabilidad.

    B) Interactividad.

    C) Accesibilidad.

    D) Calidad en servicios.

11. ¿En qué momento se realiza la apertura de expediente del cliente?

    A) Fase de acogida.

    B) Fase de petición formal de reserva.

    C) Fase de búsqueda de opciones.

    D) Fase de posventa.

12. Dentro del programa Beroni, visto a lo largo de la unidad, nos encontramos diversos apartados. Este apartado cumple una doble función: por un lado, el agente introducirá los datos del cliente que quiere hacer una reserva y, por otro lado, la factura queda generada para el momento en que haya que hacerle entrega de la documentación.

    A) Pestaña de inicio.

    B) Pestaña de datos del cliente.

    C) Pestaña de caja.

    D) Pestaña de reservas.

13. Es un documento complementario que puede ser exigido o no por el país receptor. Puede responder a la necesidad de controlar las entradas y salidas o bien de encontrar una fuente de ingresos, ya que en ocasiones hay que pagar unas tasas para su expedición. Estamos hablando de…

    A) El visado.

    B) El pasaporte.

    C) La hoja de control.

    D) Ninguna de las anteriores es correcta.

14. En el momento en que el viajero desee sacar moneda del país debe consultar con las autoridades. Dentro de la Unión Europea existe el libre tránsito de capitales con un límite de _____ euros según RD 1638/1996, de 7 de julio, para cantidades superiores se debe solicitar un permiso especial.

    A) No existe un límite por la libre circulación.

    B) 5010,12.

    C) 7010,12.

    D) 6010,12.

15. Dentro de los métodos de información que disponen los viajeros potenciales, Trivago es un ejemplo de…

    A) Página web.

    B) Portal.

    C) Agencia de viajes virtual.

    D) Ninguna de las anteriores es correcta.

Bibliografía

- Ley 21/1995, de 6 de julio, reguladora de los viajes combinados.
- KOTLER, P. & KELLER, K. (2006). *Dirección de marketing.* Editorial Prentice Hall.
- GUTIÉRREZ BRITOS, J. (2007). *La investigación social del turismo.* Editorial Paraninfo.
- JIMÉNEZ ABAD, C. (2006). *Producción y venta de servicios turísticos en agencias de viajes.* Editorial Paraninfo.
- ORGANIZACIÓN MUNDIAL DEL TURISMO (2011). *Manual de marketing electrónico para destinos turísticos.*
- SERRA CANTALLOPS, A. (2011). *Marketing turístico (Marketing sectorial).* Editorial Pirámide.

Webgrafía

- www.aena.com
- www.amadeus.com
- www.auriz.com
- www.avis.com
- www.beroni.com/centraldereservas
- www.booking.com
- www.eleconomista.es
- www.exteriores.gob.es
- www.gizmodo.com

- www.iberia.com
- www.logitravel.com
- www.mytravel.com
- www.skikamel.com
- www.trivago.es
- www.turisteo.com
- www.viajessolius.com
- www.visados.org